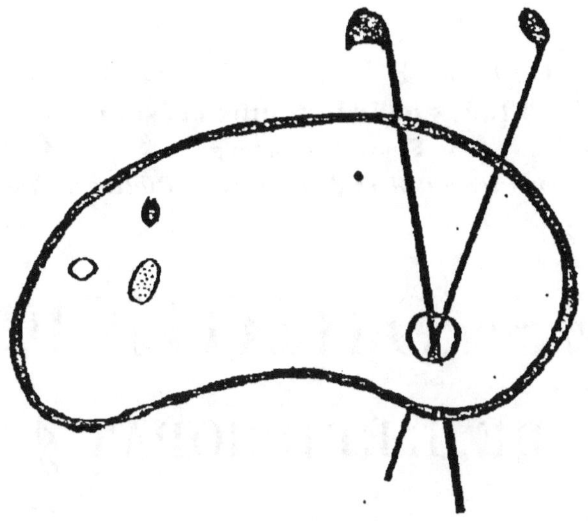

DEBUT D'UNE SERIE DE DOCUMENTS
EN COULEUR

SCIENCE ET RELIGION
Études pour le temps présent
SÉRIE HISTORIQUE
Publiée sous les auspices de la Société Bibliographique

LES ORIGINES

DE L'ÉPISCOPAT

PAR

V. ERMONI

PARIS
LIBRAIRIE B. BLOUD
4, RUE MADAME ET RUE DE RENNES, 59
1903

SOCIÉTÉ BIBLIOGRAPHIQUE

ET DES PUBLICATIONS POPULAIRES
5, rue Saint-Simon, Paris, VIIe

But de la Société. — La SOCIÉTÉ BIBLIOGRAPHIQUE a pour but de réunir tous les hommes d'intelligence et de cœur, désireux de mettre en commun leurs efforts au service de la Religion et de la Science. †

A cet effet, elle favorise la création de *bibliothèques*, de *cabinets de lecture*, la *publication d'ouvrages pour les classes dirigeantes et pour les classes populaires*, ouvre *des conférences scientifiques, littéraires et sociales*; elle signale tous les mois, dans le **Polybiblion** (*Revue bibliographique universelle*), les ouvrages parus en France et à l'Étranger; enfin elle envoie *gratuitement* à tous ses membres son **Bulletin** mensuel, qui contient une *bibliographie de livres approuvés et destinés à la création de bibliothèques populaires catholiques.*

Avantages réservés aux Sociétaires. — 1° Au point de vue moral : les Sociétaires contribuent à la conservation de la Foi.

2° Au point de vue intellectuel : *Renseignements bibliographiques; prêts de revues de la Bibliothèque de la Société*; droit aux prêts de bibliothèques renouvelables (*demander les notices spéciales*).

3° Au point de vue matériel : la Société assure à ses membres des avantages tels qu'ils rentrent, et au-delà, dans le montant de leur cotisation.

Ses Ressources. — Elles se composent : 1° de la cotisation de tous ses membres associés-correspondants, laquelle est de 10 fr. par an; on peut s'en exonérer moyennant le versement d'une somme de 150 fr. une fois payée.

2° Des apports des membres titulaires, qui sont de la somme de 100 fr. *au moins* une fois payée. (Ce versement n'exempte pas de la cotisation annuelle de 10 fr., mais il donne droit à être éligible comme membre du Conseil de la Société).

3° **Des dons extraordinaires qui lui sont faits.**

Résultats obtenus. — La SOCIÉTÉ BIBLIOGRAPHIQUE est arrivée à inscrire sur ses listes plus de *neuf mille cinq cents sociétaires*; chaque année elle fait de nombreux envois de livres pour bibliothèques catholiques et pour distributions de prix aux enfants de nos écoles libres.

Pour plus amples renseignements, s'adresser directement *à la Société, 5, rue Saint-Simon.*

SCIENCE ET RELIGION

Etudes pour le temps présent. -- Prix : 0 fr. 60 le vol.

L'Autorité humaine des Livres saints, par le P. Méchineau, S.J. 1 vol.
Qu'est-ce que le miracle ? -- *Analyse de sa notion. Ses éléments cons-titutifs*, par l'abbé E. Coste.   1 vol.
Les trcis Formes du Surnaturel. *Le Miracle, la Révélation et la Grâce*, par Pierre Vallet, P. S. S.   1 vol.
Du même auteur : Dieu principe de la loi morale.   1 vol.
La Bible depuis son origine jusqu'à nos jours, par M. l'abbé Chauvin 2 vol. se vendant séparément.
   I. *La Bible chez les Juifs.*   1 vol.
II. *La Bible dans l'Eglise catholique.*   1 vol.
Etudes sur l'origine de la Société, par le R. P. Montagne, des Frères-Prêcheurs. 3 vol. se vendant séparément.
   I. *La Théorie du Contrat social.*   1 vol.
II. *La Théorie de l'Organisme social, d'après l'Ecole naturaliste.* 1 vol.
III. *La Théorie de l'être social, d'après saint Thomas d'Aquin*   1 vol.
Le Problème de la Souffrance humaine. — *Pourquoi souffrir ! Triple réponse chrétienne*, par le P. Bader, de l'Oratoire.   1 vol.
Le Matérialisme et la Nature de l'Homme, par M. l'abbé G. Contestin, chanoine titulaire de Nîmes.   1 vol.
Le Mouvement religieux en Angleterre au XIXᵉ siècle, par le R. P. Ragey, Mariste. 3 vol. se vendant séparément.
   I. *L'Anglicanisme.*   1 vol.
II. *Le Ritualisme.*   1 vol.
III. *Le Catholicisme en Angleterre.*   1 vol.
La Liberté d'Enseignement. *Aperçu historique*, par M. l'abbé Laurent.   1 vol.
Rivalités scientifiques ou la Science catholique et la prétendue Impartialité des Historiens, par le R. P. Th. Ortolan, 3 vol. se vendant séparément.
   I. *La Manie du Dénigrement.*   1 vol.
II. *Les Fausses réputations.*   1 vol.
III. *Les Oubliés.*   1 vol.
L'Occultisme contemporain. — *Ses doctrines et ses divers systèmes*, par Charles Godard.   1 vol
Evolution, Progrès, Liberté, par P. Vallet.   1 vol.
Les Qualités de l'Educateur, par J. Guibert, P. S. S.   1 vol.
La Bible et les Théories scientifiques, par M. l'abbé B. Colomer 1 vol.
L'Origine apostolique du Nouveau Testament, par le P. Lucien Méchineau, S. J.   1 vol.
Hasard ou Providence. *Le Problème des Causes finales*, par le R. P. J.-D. Folghera, des Frères-Prêcheurs.   1 vol.
La Conservation de l'Energie et la Liberté morale, par le R. P. de Munnynck, O. P.   1 vol.
Le Péché originel dans Adam et ses descendants. *Exposé apologétique*, par le R. P. Le Bachelet, S. J.   2 vol.
Le Monde Juif au temps de Jésus-Christ et des Apôtres, par l'abbé Beurlier.   2 vol.
Le Dogme chrétien dans la Religion juive, par A.-F. Saubin 1 vol.

Le Régime corporatif et l'Organisation du Travail, par le R. P. G. DE PASCAL. 2 vol. se vendant séparément.
I. *Le Passé.* 1 vol.
II. *L'Avenir.* 1 vol.
Le Dogme de l'Eucharistie, *essai d'explication*, par le P. LERAY, prêtre eudiste. 1 vol.
Les Raisons de ma croyance, par le cardinal MANNING, archevêque de Westminster, traduit de l'anglais par l'abbé E. Peltier. 2 vol.
Le Monde des Esprits. -- Anges et Démons, par le R. P. DOM MARÉCHAUX 1 vol.
Le Mouvement féministe. *Ses causes -- Son avenir -- Solution chrétienne*, par la comtesse Maria DE VILLERMONT. 2 vol.
Le Brahmanisme, par Ch. GODARD. 1 vol.
Du même auteur : Le Fakirisme, *les Fakirs et leurs prestiges.* 1 vol.
L'Eglise grecque orthodoxe et l'Union, par le P. Fr. TOURNEBIZE, S. J. 2 vol.
Analogies de la Science et de la Religion, par Pierre COURBET 2 vol.
L'Education supérieure des Femmes, par Mgr SPALDING, évêque de Peoria; traduit de l'anglais par M. l'abbé Félix Klein. 1 vol.
Le Beau dans les Œuvres littéraires, par M. l'abbé GABORIT, archiprêtre de la cathédrale de Nantes. 1 vol.
L'Eglise et le Droit des Gens, par le R. P. G. DE PASCAL. 1 vol.
L'Enfance du Christ d'après les Traditions juives et chrétiennes, par M. l'abbé C. CHAUVIN. 1 vol.
Du même auteur : Le Purgatoire, s'il existe, et ce qu'il est. 1 vol.
Le Repos dominical, *Bonheur de l'Individu, de la Famille et de la Société*, par le P. François TOURNEBIZE, S. J. 1 vol.
Les Miracles de l'Evangile, par P. VALLET, P. S. S. 1 vol.
Histoire et légende de la Congrégation (1801-1830), par J. M. VILLEFRANCHE 1 vol.
Pour et contre l'Évolution, ou *Étude sur l'origine des Espèces*, par l'abbé LEROY, ancien Directeur au Grand Séminaire de Séez, 2 vol.
L'Origine mosaïque du Pentateuque, par le P. Lucien MÉCHINEAU, S. J. 1 vol.
L'Homme animal et L'Homme social, *d'après l'école matérialiste*, par C. de KIRWAN. 1 vol.
La Révocation de l'Édit de Nantes, ses causes et ses conséquences, par L. DIDIER, Agrégé de l'Université. 1 vol.
Les Doctrines sociales catholiques en France, *depuis la Révolution jusqu'à nos jours*, par VICTOR DE CLERCQ, avocat à la Cour d'Appel de Paris. Avant-propos par Georges GOYAU. -- Première partie : *Les Précurseurs.* -- Deuxième partie : *Les Contemporains.* 2 vol.
La Femme chrétienne au temps des persécutions, son influence et son rôle. *Étude historique*, par le P. BADER, de l'Oratoire. 1 vol.
La Providence. -- *Conservation des êtres créés.* -- *Gouvernement du monde.* -- *Répartition des biens et des maux*, par G. CONTESTIN, chanoine titulaire de Nîmes. 1 vol.
Théorie de l'Education, par L. LABERTHONNIÈRE, de l'Oratoire, Supérieur du Collège de Juilly. 1 vol.
Demander la liste complète des volumes Science et Religion *parus à ce jour.*

SAINT-AMAND, CHER. — IMPRIMERIE BUSSIÈRE

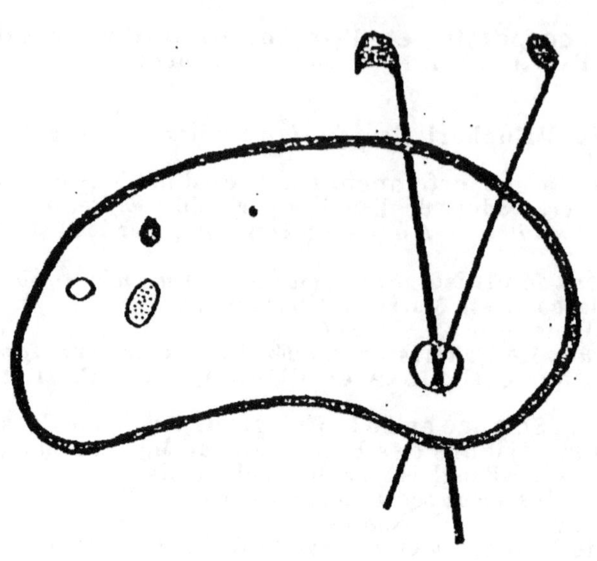

FIN D'UNE SERIE DE DOCUMENTS
EN COULEUR

SCIENCE ET RELIGION
Études pour le temps présent
SÉRIE HISTORIQUE
publiée sous les auspices de la Société Bibliographique

LES ORIGINES
DE L'ÉPISCOPAT

PAR

V. ERMONI

PARIS
LIBRAIRIE B. BLOUD
4, RUE MADAME ET RUE DE RENNES, 59
1903

Vu la profession de foi sur l'origine divine de l'épiscopat,
qui se trouve en tête de cet opuscule ; vu le rapport favorable
qui nous a été présenté par un professeur compétent, j'auto-
rise, en ce qui me concerne, mon confrère Monsieur Ermoni à
publier « Les Origines de l'Épiscopat ».

A. FIAT,
sup. gén.

Imprimatur

Parisiis, die 8 Aprilis 1902.

G. LEFEBVRE

V. G.

AVANT-PROPOS

C'est sans contredit une des questions les plus importantes de l'histoire ecclésiastique des premiers siècles que celle qui se rapporte aux origines de l'épiscopat unitaire et monarchique ; ajoutons qu'elle ne manque pas non plus de difficultés. Non pas, assurément, que la doctrine soit engagée dans ce débat ; mais la précision historique n'y trouve pas suffisamment son compte. En effet, au point de vue théologique, la question est sûre, certaine, tranchée pour nous catholiques, et, dès lors, d'une extrême simplicité. L'Eglise nous enseigne que l'épiscopat est de droit divin, qu'il se rattache aux Institutions de Jésus-Christ lui-même, que les évêques sont supérieurs aux simples prêtres et constituent un degré distinct de la hiérarchie sacrée. Il n'en est pas de même au point de vue purement historique. On ne saurait nier que sur ce terrain il existe des difficultés assez sérieuses, qu'on ne possède pas la lumière absolue, que la marche est quelque peu entravée parce qu'un certain nombre de documents ne déposent pas d'une manière tout à fait catégorique. Et pourtant il ne s'agit rien moins que d'une des bases mêmes de la hiérarchie ecclésiastique, que l'histoire a le droit d'examiner avec ses méthodes et ses procédés. D'autre part, toutes les fractions du protestantisme, à l'exception de l'anglicanisme, rejettent l'institution divine de l'épiscopat, et cela, prétendent-elles, pour des raisons d'ordre historique ; dans les documents primitifs on ne trouverait aucune attestation en faveur de l'épiscopat, comme ordre distinct du presbytérat. Nous avons donc un intérêt capital à étudier ce problème en nous plaçant exclusivement sur le terrain de l'histoire, et en faisant totalement abstraction des principes théologiques, dont la valeur est récusée par les adversaires de la théorie catholique. Nous laisserons parler les documents et les faits ; et leur témoignage suffira à nous convaincre que l'épiscopat vient de Jésus-Christ, et qu'il est dès lors un des organes vitaux de l'Eglise.

BIBLIOGRAPHIE

I. Sources principales

Le Nouveau Testament.
Les Pères apostoliques.
Les Pères du ii° siècle.
L'histoire ecclésiastique d'Eusèbe.

II. Travaux (1)

Batiffol. — *L'Eglise naissante, III. Les institutions hiérarchiques de l'Eglise*, dans *Revue biblique*, t. IV, 1895.

* Bauer. — *Uber den Ursprung des Episcopats in der christlichen Kirche*, Tubingue, 1838.

* Beyschlag. — *Die christliche Gemeindeverfassung im Zeitalter des Neuen Testaments*, Harlem, 1874.

De Smedt. — *L'organisation des Eglises chrétiennes jusqu'au milieu du iii° siècle*, dans *Revue des questions historiques*, t. XLIV, 1888, L, 1891.

Döllinger. — *Christenthum und Kirche in der Zeit der Grundlegung*, Regensburg, 1860.

Douais. — *Origines de l'épiscopat*, dans *Mélanges de littérature et d'histoire religieuses*, dédiés à Mgr de Cabrières, t. I, 1899.

Duchesne. — *Les Origines chrétiennes*.

Ermoni. — *Les origines historiques de l'épiscopat monarchiqus*, dans *Revue des questions historiques*, 1er octobre, 1900.

(1) Les noms précédés d'un * sont protestants. Nous n'indiquons que les travaux les plus importants parmi les modernes.

FUNK. — *Opera Patrum apostolicorum*, Tubingue, 1887.

GOBET. — *De l'origine divine de l'épiscopat*, Fribourg en Suisse, 1898.

*GORE. — *The Ministry of the christian Church*, Londres, 1889.

GRISAR. — *Der Ursprung der bischöflichen Gewalt*, dans *Zeitschrift für Katholische Theologie*, 1884.

* HATCH-HARNACK. — *Gesellschaftsverfassung der christlichen Kirchen im Altertum*, Giessen, 1883.

KNELLER. — *Petrus als Felsengrund der Kirche*, dans *Stimmen aus Maria Laach*, t. L, 1896.

*KUHL. — *Gemeindeordnung in den Pastoralbriefen*, Berlin, 1885.

* LECHLER. — *Das apostolische und das nachapostolische Zeitalter*, Leipzig, 1885.

LESQUOY. — *De regimine ecclesiastico juxta Patrum apostolicorum doctrinam*, Louvain, 1881.

*LIGHTFOOT. — *The Apostolic Fathers*, Londres, 1889-1890.

MICHEL. — *Episcopes et Presbytres dans la primitive Eglise*, dans *Science catholique*, Décembre, 1901.

MICHIELS. — *L'origine de l'épiscopat*, Louvain, 1900.

PALIS. — *L'évêque dans les livres du Nouveau Testament*, dans *Science catholique*, 1899.

* RÉVILLE. — *Les origines de l'épiscopat*, Paris, 1894.

* RITSCHL. — *Entstehung der altkatholischen Kirche*, Bonn, 1857.

ROSE. — *La critique nouvelle et les Actes des Apôtres*, dans *Revue biblique*, 1898.

* SEYERLEN. — *Entstehung des Episcopats*, dans *Zeitschrift für praktische Theologie*, 1887.

SOKKOWSKI. — *Episkopat und Presbyterat in den ersten christlichen Jahrhunderten*, Wurtzbourg, 1893.

* WEIZSAECKER. — *Das Apostolische Zeitalter der christlichen Kirche*, Fribourg-en-Brisgau, 1892.

WERNZ. — *Von dem Ursprung der bischöflichen Gewalt*, dans *Zeitschrift für Katholische Theologie*, 1887.

*ZAHN. — *Forschungen zur Geschichte des neutestamentlichen Kanons und der altkirchlichen Literatur*, t. III, Erlangen, 1884.

CHAPITRE PREMIER

DIFFICULTÉ DE LA QUESTION

Ce qui rend le problème difficile, c'est la terminologie d'une partie du Nouveau Testament et le langage de quelques écrits de la littérature primitive. Si ces documents avaient fait une distinction claire et nette entre le presbytérat et l'épiscopat, de manière à écarter toute équivoque, s'ils avaient tracé une ligne de démarcation visible au premier regard, le problème eût été par là même résolu, et l'histoire n'eût eu qu'à enregistrer les faits et les données certains. Les origines historiques de l'épiscopat remonteraient très clairement au berceau même du christianisme ; on constaterait sans aucune hésitation et l'institution de cette dignité par Jésus-Christ, et la forme qu'il Lui a plu de lui donner ; l'histoire attentive suivrait partout et toujours les moindres traces et les moindres attaches de cette grande institution. Mais tel n'est pas précisément le cas, comme nous allons nous en convaincre.

I. LA TERMINOLOGIE DU NOUVEAU TESTAMENT. — Le langage d'une partie du Nouveau Testament sur ce sujet présente, on ne saurait le contester, une réelle confusion. Nous n'y trouvons pas toute la précision nécessaire, cette précision qui eût permis à l'historien de tirer des conclusions certaines et inattaquables. Voici les passages où les mots *évêque* et *prêtre* sont employés indistinctement l'un pour l'autre, dans un sens synonyme. *Actes des Apôtres,* xx, 17-28. Ce fragment contient le discours de saint Paul à certains personnages de la communauté d'Ephèse, qu'il avait mandés à Milet. Ces individus sont appelés, au ⅋. 17, *presbytres* de l'Eglise. Le latin a traduit étymologiquement le mot grec par *vieillards*. Au ⅋. 28 ces mêmes individus sont appelés *épiscopes* (ἐπισκόπους). — La *Iʳᵉ Epître à Timothée* contient la même confusion, bien que d'une manière moins évidente ; la pensée générale, si l'on s'en tient au contexte, paraît être la même que dans les Actes; iii, 2, l'auteur appelle *évêques* les mêmes personnages qu'il appellera *prêtres* un peu plus loin, V, 17. — *Epître à Tite,* i, 5-7. Au ⅋. 5, l'auteur dit à Tite qu'il l'a laissé en Crète pour redresser les défauts et établir des *presbytres* dans les villes. Au ⅋. 7, il appelle *évêques* ces mêmes individus, et énumère leurs qualités. — *Iʳᵉ Epître de saint Pierre,* iv, 1-5. Au ⅋. 1, l'auteur mentionne explicitement les *presbytres*. Au ⅋. 2, ces *presbytres* exercent les fonctions des *évêques (surveillant,* ἐπισκοποῦντες.) L'ancien a donc pour office de surveiller. De plus, ce *presbytre* est, ⅋. 2, le *pasteur* du troupeau de Dieu ; or, ii, 25, nous voyons que l'*épiscope* est aussi *pasteur*.

Non seulement le Nouveau Testament confond les deux mots, mais en maint endroit il affirme aussi l'*identité* des fonctions des *presbytres* et des *épiscopes* : les uns et les autres sont les *pasteurs* du troupeau de Dieu, Act., xx, 17, 28 ; I Petr., v, 1, 2 ; ils *dirigent* les fidèles et *gouvernent* les Églises, I Thess., v, 12 ; I Tim., iii, 5 ; v, 17 ; Hebr., xiii, 7, 17, 24 ; c'est le mot générique *higoumène*, qui désigne un supérieur quelconque ; ils sont les *intendants* de Dieu, I Tim., iii, 5 ; Tit., i, 7 ; I Petr., ii, 25. Nous pourrions multiplier ces indications ; mais il est inutile de poursuivre cet examen (1).

II. LE LANGAGE DES PREMIERS ÉCRIVAINS. — Cette confusion se retrouve dans quelques écrits de la littérature primitive. Nous citerons quelques exemples des plus significatifs. La *Iᵃ Clementis*, xlii, 4, 5, ne parle que des épiscopes et des diacres, lesquels furent établis par les Apôtres pour gouverner les fidèles ; dans ce passage les *presbytres* sont naturellement compris dans la dénomination générale d'*épiscopes*. L'*Épître* de Polycarpe aux Philippiens énumère, v, 2, les vertus que doivent avoir les diacres ; *ibid.*, 3, elle recommande aux fidèles d'être soumis aux presbytres et aux diacres ; vi, 1, elle énumère les devoirs et les vertus des presbytres ; nulle mention expresse des évêques, qui rentrent ainsi naturellement dans les presbytres. Le *Pasteur* d'Hermas, *Vis. II*, 4 ², ³ ; *III*, 1 ⁶, ne mentionne que les presbytres. La *Didaché*, xv, 1, ne mentionne que les épiscopes et les diacres ; il est incontestable que les presbytres sont compris dans les *épiscopes*. Un texte de saint Irénée est encore plus significatif : dans sa lettre au pape saint Victor, l'évêque de Lyon appelle *presbytres* les prédécesseurs du pape Soter, Anicet, Pie, Hygin, Télésphore, Xyste, qui tous ce-

(1) On peut voir *L'Origine de l'épiscopat* par l'abbé MICHIELS, p. 216-217.

pendant avaient occupé la chaire de Pierre, et avaient été évêques de Rome (1).

III. LA QUESTION A RÉSOUDRE. — La confusion de nom, que nous avons constatée dans une partie de la littérature primitive, entraîne-t-elle celle d'office, de fonctions et de degré hiérarchique? Est-ce parce que le *presbytre* et l'*épiscope* étaient le même personnage, qu'un grand nombre de passages du Nouveau Testament et des écrits primitifs emploient indifféremment l'un ou l'autre nom? Ou bien serait-ce plutôt un manque de rigueur dans les expressions, une certaine négligence, ou même faudrait-il voir dans les auteurs de ces écrits une certaine familiarité qui s'expliquerait très naturellement par la facilité avec laquelle leurs auditeurs et leurs lecteurs comprenaient immédiatement leur manière de parler, et par l'absence complète d'une controverse qui ne surgira que plus tard, et qu'ils ne soupçonnaient même pas? C'est là, à proprement parler, le nœud même du problème. Il est évident qu'il faut montrer que l'on n'a pas le droit de conclure de l'identité de nom à celle d'office, pour assurer l'existence et la légitimité de l'épiscopat monarchique et unitaire, tel qu'il fonctionne aujourd'hui dans l'Église. Tout le débat entre le catholicisme et le protestantisme anti-épiscopalien porte sur ce point.

Avant d'essayer de résoudre le problème à l'aide des seuls documents historiques, nous avons besoin de faire, pour mieux préciser l'état de la question, quelques observations préalables. Et d'abord nous n'avons pas à nous occuper ici de la question *litur-*

(1) ἐν οἷς καὶ οἱ πρὸ Σωτῆρος πρεσβύτεροι οἱ προστάντες τῆς ἐκκλησίας ἧς σὺ νῦν ἀφηγῇ, Ἀνίκητον λέγομεν καὶ Πίον, Ὑγῖνόν τε καὶ Τελεσφόρον καὶ Ξύστον, κ. τ. λ. (EUSÈBE. H. E., v, 24¹⁴).

gique, mais uniquement de la question de *juridiction* et de *gouvernement.* Nous savons en effet — et saint Justin notamment nous l'apprend de la façon la plus formelle (1) — nous savons, dis-je, que dans toutes les réunions des communautés chrétiennes, soit pour la célébration de l'Eucharistie, soit pour les agapes (2), il y avait un président (προεστώς) pour diriger ces actions et ces rites. On voit également, d'après les *Actes des Apôtres* xx, 28, qu'il y avait dans chaque Eglise une autorité véritable, au sens rigoureux du mot, commandant et gouvernant au nom de Dieu (ποιμαίνειν τὴν ἐκκλησίαν). Mais quelles étaient la nature et la forme de cette autorité ? Résidait-elle dans une seule personne, dans le président de la Liturgie, ou bien dans un collège de plusieurs membres, le *Presbyterium ?* Cette autorité revêtait-elle la forme *monarchique* ou *aristocratique* et *oligarchique ?* L'épiscopat était-il *unitaire* ou *collégial ?* Telle est l'importante question historique agitée depuis longtemps entre les catholiques et les protestants presbytériens.

Il faut distinguer aussi, dans ce problème, l'ordre même de l'épiscopat et son action extérieure, la sphère de son influence. Par une longue habitude, nous avons toutes les peines du monde à concevoir un évêque sur un plan extérieur autre que celui d'aujourd'hui, à nous représenter un prélat vivant dans une simplicité, dans un effacement, qui maintenant nous choqueraient dans une certaine mesure. Nous faisons, peut-être à notre insu, réagir nos conceptions présentes sur les premiers temps de l'Eglise. Et pourtant, il est une vérité qui s'impose : l'action extérieure des

(1) *Apol.* i, 65. P. G., t. VI, col. 428.
(2) Nous disons *soit, soit,* parce qu'il semble probable à l'heure actuelle que les Agapes différaient de l'Eucharistie

évêques a grandi avec le développement historique. Dans les origines chrétiennes, alors que l'Église était encore dans les langes, la majesté extérieure de l'épiscopat n'apparaît ni dans tout son éclat, ni dans la splendeur des temps actuels. Au fond, comment nous apparaît à l'origine l'évêque de Rome lui-même, le successeur de saint Pierre, le vicaire de Jésus-Christ ? C'était le chef de la petite communauté chrétienne qui s'était formée à Rome, celui qui présidait aux agapes fraternelles, aux cérémonies des catacombes, et qui s'occupait assez souvent des cimetières des martyrs. Il vivait la plupart du temps avec un petit groupe de fidèles, se cachant au fond des catacombes, et parfois chez certaines familles chrétiennes. Évidemment il ne possédait pas l'incomparable prestige dont il rayonne à présent dans le monde entier. Ce que nous disons de l'évêque de l'Eglise mère et maîtresse de toutes les Eglises s'applique aussi, et bien plus encore, aux évêques des autres sièges. Sous ce rapport l'épiscopat a suivi l'évolution des autres institutions chrétiennes. L'Eglise est un germe fécond que Jésus-Christ a déposé en terre, bien petit, bien humble en apparence, très riche en forces et en énergies latentes. Ce germe a évolué peu à peu et est devenu l'arbre immense qui couvre la terre et à l'ombre duquel vivent présentement tous les peuples civilisés. L'épiscopat, dans son action extérieure, a suivi ce mouvement d'expansion et de rayonnement. Les premiers évêques qui gouvernaient à l'origine une poignée de fidèles, comme de nos jours certains évêques missionnaires, sont devenus peu à peu, avec l'expansion de l'Eglise, les chefs hiérarchiques de diocèses parfaitement organisés sous tous les rapports. Ce contraste, si l'on n'y prend garde, peut exercer une certaine influence même sur la question de fond.

CHAPITRE II

Les fluctuations terminologiques d'une grande partie des écrits du Nouveau Testament et de la littérature primitive influencèrent les écrits postérieurs. Quand on les lit, on constate les mêmes difficultés et les mêmes hésitations. La pensée chrétienne est bien loin de suivre une orientation unique et de s'arrêter à la même solution. C'est un fait dont il faut nous rendre compte pour bien saisir la complexité du problème historique que nous étudions.

1. LES PÈRES POST-APOSTOLIQUES. — Les écrivains qui succédèrent immédiatement ou presque immédiatement aux Pères apostoliques paraissent n'avoir été nullement impressionnés par les difficultés scripturaires. On dirait même que leur esprit s'en détourne ou du moins ne s'y arrête guère. C'est que probablement l'exégèse rigoureuse et précise n'était pas encore née. Aussi ces Pères sont-ils unanimes à maintenir la distinction fondamentale des trois ordres : *épiscopat, presbytérat, diaconat,* bien que quelquefois, mais rarement, ils comprennent le presbytre dans le mot ἐπίσκοπος. Irénée se trouve en face de Act. xx, 17, 28, dont il paraît soupçonner la difficulté latente. Pour se tirer d'embarras et conserver

intacte la position dogmatique, il ne songe pas à tenter une interprétation du texte ; il se permet tout simplement d'ajouter, au verset 17, le mot *épiscopes*, et de compléter ainsi l'énumération du narrateur. L'auteur des Actes dit que Paul convoqua les pres-bytres de l'Eglise [d'Ephèse]. Irénée lui fait convoquer les *épiscopes* et les presbytres, et non seulement d'Ephèse, mais aussi des *autres villes voisines*. « Paul lui-même, dit-il, fait voir qu'il enseigne sim-plement ce qu'il savait, non seulement à ses disciples, mais à tous ses auditeurs. Ayant convoqué à Milet les évêques et les prêtres d'Ephèse et des autres villes voisines.., il leur dit... : *Veillez donc sur vous-mêmes et sur tout le troupeau, sur lequel l'Esprit-Saint vous a établis évêques pour régir l'Eglise du Seigneur* (1). » Tertullien mentionne expressément les trois ordres : « Le pouvoir d'admi-nistrer le baptême appartient au souverain prêtre, qui est l'*évêque*, ensuite aux *prêtres* et aux *diacres*, mais non sans l'autorité de l'évêque, à cause de l'honneur de l'Eglise (2). » Il nous dira aussi que « l'*évêque*, les *prêtres* et les *diacres* doivent être monogames (3). » La même distinction est enseignée par Clément d'Alexandrie : « Les saintes Ecritures contiennent plusieurs autres préceptes qui s'adressent à des personnes choisies : les uns aux *prêtres*, les autres aux *évêques*, les autres aux *diacres* (4). » Origène s'accorde avec ses prédécesseurs : « Outre ces devoirs qui sont communs à tout le monde, il y

---

(1) *Adv. haeres.*, III, 14² ; P. G., t. VII, col. 914-915. — Je n'ai constaté aucune variante dans Act., xx, 17.

(2) *De baptismo*, c. XVII ; P. L., t. I, col. 1218.

(3) *De monogamia*, c. XI ; P. L., t. II, col. 944.

(4) *Pædag.*, III, 14 ; P. G., t. VIII, col. 676-677.

en a de particuliers à la veuve dont l'Eglise prend soin, au *diacre*, au *prêtre* ; quant au devoir de l'*évêque*, il est le plus grave (1). » L'affirmation du fait dogmatique est donc certaine. C'est là le grand objectif des Pères de cette période.

II. Les Pères postérieurs. — Les Pères, qui viennent après et dont beaucoup sont d'excellents exégètes, frappés du langage du Nouveau Testament, admettent généralement la synonymie des deux noms : *épiscope* et *presbytre*. Saint Jean Chrysostôme, commentant les paroles de saint Paul, déclare qu'anciennement les prêtres se nommaient évêques, mais que dans la suite on réserva un nom spécial à chacun des deux ordres (2). Théodoret de Cyr s'exprime ainsi : [Saint Paul] « appelle évêques les prêtres (ἐπισκόπους δὲ τοὺς πρεσβυτέρους καλεῖ) parce que de son temps les prêtres portaient ces deux noms (3). » Parmi les Pères de cette époque, saint Epiphane se prononce nettement contre la synonymie des deux noms ; il conçoit, d'après une espèce d'évolution amenée par les circonstances, l'institution des évêques : « Les Apôtres n'ont pas pu tout disposer. Tout d'abord on avait besoin de prêtres et de diacres, qui peuvent administrer les choses ecclésiastiques. Lorsqu'on ne trouvait personne digne de l'épiscopat, l'endroit restait sans évêque. Mais lorsque la nécessité se fit sentir, et qu'on put trouver des sujets dignes de l'épiscopat, on établit des évêques. Comme le nombre en était restreint, on ne put pas

(1) *De orat.*, 28; P. G., t. XI, col. 524.

(2) *Hom. I, in Phil.* I, 1; P. G., t. LXII, col. 183.

(3) *In Phil.* I, 1, 2; P. G., t. LXXXII, col. 560. Cf. aussi : *In I, Tim.* III, 1 ; *ibid.*, col. 804. — On peut voir aussi pour cette opinion l'Ambrosiaster, *In Ephes.*, IV, 11, 12; P. L., t. XVII, col. 388.

trouver des sujets pour le presbytérat, et par conséquent l'on se contenta du seul évêque. Mais l'évêque
ne peut pas être sans diacre. Par conséquent l'Apôtre
pourvut à ce qu'il y eut des diacres pour servir
l'évêque. L'Eglise ne pouvant pas encore déployer
toutes ses fonctions, les chrétientés ne connurent
pendant ce temps que cette organisation. Aucune
chose n'est parfaite dès l'origine ; mais dans le
cours du temps elle acquiert tout ce qui est nécessaire à sa perfection (1). » Enfin le plus grand des
théologiens, saint Thomas, reconnait la synonymie des
noms (2).

III. L'ÉPOQUE MODERNE. — A l'époque de la Réforme ces discussions se ravivèrent. Nous ne pouvons pas, dans les limites de ce travail, retracer les
longs débats qui eurent lieu entre catholiques et
protestants (3). Qu'il nous suffise de dire que les
grands érudits et controversistes catholiques de cette
époque, Baronius, Tillemont, Petau, reconnaissent
que les mots *évêque* et *prêtre* sont, à l'origine,
synonymes et désignent indifféremment les mêmes
personnages. Aujourd'hui même presque tous les auteurs sont de cet avis : « La plupart des interprètes
et des théologiens admettent que le sens de ces titres
(*évêques* et *prêtres*) s'est modifié dans l'Eglise, et
qu'au temps des Apôtres on les employait indistinctement l'un pour l'autre.

On convient presque universellement que le titre
de prêtre, *presbyter*, *senior*, a une double signification dans les Actes et les Epîtres, ou plutôt qu'il

(1) *Hœres.* LXXV (contre Aérius), 5; P. G., t. XLII,
col. 509.
(2) II^a II^æ, q. CLXXXIV, art. VI, ad. 1um.
(3) En voir le résumé dans MICHIELS, *L'Origine de l'épiscopat*, p. 127-131.

s'applique indifféremment aux deux premiers ordres du clergé : les évêques et les prêtres. Il y a des passages où il est attribué à des prêtres du premier degré ou à des évêques proprement dits, I Tim., IV, 14 ; I Petr., V, 1 ; II Joa., 1. Il y en a aussi où il s'applique manifestement à des prêtres de rang inférieur, ou à des ministres des deux ordres à la fois. Act., XX, 17 ; I Tim., V, 17, 19 ; Jac., V, 14.

Quant au titre d'évêque, *episcopus*, cette double signification est plus contestée. Suivant un certain nombre, ce mot aurait eu dès l'origine de l'Eglise le sens restreint qu'on lui donne aujourd'hui. Suivant d'autres, au contraire, les auteurs du Nouveau Testament ne se seraient jamais servis de ce terme que pour désigner de simples prêtres, les évêques proprement dits étant alors honorés du titre d'Apôtres, et n'ayant été établis qu'après les prêtres, comme ceux-ci ne l'ont été qu'après les diacres. Mais les partisans de ces deux sentiments sont peu nombreux ; et ils se réfutent mutuellement par des raisons qui semblent péremptoires.....

Cela n'empêche pas qu'on ait reconnu dès l'origine de l'Eglise une différence entre les Evêques et les Prêtres ou plutôt qu'on ait distingué deux degrés dans le Sacerdoce. Cette distinction est de droit divin. Mais on en était moins frappé qu'aujourd'hui, soit parce que, la plupart du temps, les ministres de l'Eglise recevaient à la fois la prêtrise et l'épiscopat, soit parce que les simples prêtres exerçaient à cette époque toutes les fonctions des évêques, sauf l'ordination (1). »

(1) *Manuel biblique*, 2º édit., Paris, 1881, t. IV (par Bacuez) p. 136-137.

CHAPITRE III

LE NOUVEAU TESTAMENT

Le Nouveau Testament nous fournira-t-il les éléments de solution du problème? Lorsqu'on étudie
la nature et la forme de l'épiscopat dans le Nouveau
Testament, où il faut forcément trouver les premiers
linéaments de cette Institution, il est nécessaire de
faire, s'il m'est permis de m'exprimer ainsi, un tri
de documents : d'un côté, les Épîtres paulines ; de
l'autre, l'Apocalypse. Nous sommes obligé de faire
cette distinction, ce départ, car en réalité la lumière
augmente avec le Livre des révélations. L'Apocalypse est plus affirmative, plus concluante, et, le di-
rons-nous, plus explicite, dans son langage mysté-
rieux, que les Épîtres paulines ; elle nous donne des
informations qu'on ne trouve nulle part ailleurs dans
les livres canoniques du Nouveau Testament. Notre
distinction n'est donc nullement arbitraire ; elle nous
est imposée par les données et la force des documents que nous devons exploiter à l'appui de notre
thèse.

I. Les Épîtres paulines. — Les écrits de saint
Paul, nous nous empressons de le déclarer, ne nous
disent pas d'une manière catégorique et précise

quelle est la nature de l'épiscopat (1). Nous l'avons,
je présume, amplement constaté dans les passages
que nous avons déjà cités et étudiés. Nous ne reviendrons plus sur ces textes. — Quant à l'*Épître aux
Philippiens* à laquelle nous n'avons pas encore touché, elle reste dans la même confusion. Saint Paul
et Timothée saluent, ɪ, 1, tous les saints qui sont à
Philippes avec les *évêques* et les *diacres* : σὺν ἐπισκόποις
καὶ διακόνοις. Il est évident que les évêques, dont il
s'agit ici, sont les presbytres, y compris ou non
l'évêque proprement dit, peu importe ; ils sont, en
effet, plusieurs ; or, il ne pouvait pas y avoir plusieurs évêques à Philippes au moment où Paul écrivait sa lettre ; de plus, l'Apôtre ne mentionne que
les *épiscopes* et les *ministres* [diacres] ; les *presbytres* ne sont pas explicitement nommés ; c'est qu'ils
sont compris dans les ἐπίσκοποι, autrement il serait difficile de comprendre le silence de saint Paul. Ainsi,
que le mot ἐπίσκοπος désigne les presbytres à l'exclusion ou non de l'évêque, il n'en reste pas moins certain qu'il comprend les presbytres. Il n'y a rien
non plus de formel à attendre, comme nous l'avons
déjà vu, de la *Iʳᵉ Épître à Timothée*, ɪɪɪ, où
l'Apôtre ne mentionne que l'*évêque*, ꙮ. 2, et les
diacres, ꙮꙮ. 8, 12. Aucune mention des *presbytres* ; c'est qu'ils sont compris dans la dénomination : τὸν ἐπίσκοπον, autrement on ne comprendrait
pas pourquoi le grand Apôtre, dans cette si belle et
si touchante exhortation, oublie complètement les
presbytres. Dans ces textes il n'y a donc pas de dis.

(1) Aussi l'affirmation de Bacuez, p. 136, relative à
I Tim., ɪv, 14; I Petr., v, 1; II Joa., 1, nous paraît-
elle un peu forcée.

tinction entre les deux premiers degrés de la hiérarchie actuelle.

Si nous sortons des textes pour entrer dans le domaine des faits, y trouverons-nous un point d'appui
plus solide et des indications plus formelles ? D'au-
cuns l'ont pensé et soutenu. Car on a voulu voir des
évêques au sens strict du mot, des évêques unitaires,
dans Timothée et Tite, les deux disciples de prédilec-
tion de saint Paul. Cette opinion n'est pas certaine, et
le fait invoqué ne peut pas nous fournir un argument
absolument concluant et décisif ; nous n'oserions pas
dire que l'argument soit faux, mais nous estimons qu'il
n'a pas une valeur historique au-dessus de toute contestation. On voit en effet que Timothée et Tite sont
des envoyés, des missionnaires que saint Paul rappelle
à lui : II° à Timothée, IV, 8 : « Hâte-toi de revenir à
moi » ; de même, ɣ̓. 11-13, où il lui recommande
de venir et de lui porter certains effets qu'il avait
laissés à Troade, chez Carpus ; l'Épître à Tite, III, 12,
nous donne la même formule : « Hâte-toi de revenir
à moi (1). » — De plus, on a dit que Timothée avait
été évêque d'Éphèse et Tite évêque de Crète ; mais
ces traditions, quelque respectables qu'elles soient,

(1) Nous avons dit qu'il n'est pas absolument certain
que Timothée et Tite aient été des évêques proprement
dits. Nous sommes obligé de faire une observation contre
ceux qui ont exagéré dans un sens opposé. De ce que
saint Paul rappelle à lui Timothée et Tite, certains auteurs
ont conclu avec certitude que Timothée et Tite n'étaient
pas évêques. Conclusion outrée. Rien ne prouve qu'ils ne
fussent des *évêques missionnaires*. La chose est d'autant
moins invraisemblable que saint Paul était apôtre, et qu'en
qualité d'apôtre il avait une autorité même sur les évêques,
et surtout sur des évêques qui, dans l'hypothèse, auraient
été ses disciples.

n'ont pas la valeur d'un argument historique (1). —
Un seul fait paraît démontrer, même dans ces temps
primitifs, l'existence de l'épiscopat monarchique. En
l'absence de saint Pierre, prince des Apôtres, nous
voyons saint Jacques, frère du Seigneur — et ce
n'était pas probablement un Apôtre (*Act. Sanct.*,
1ᵉʳ mai) — jouir à Jérusalem, sinon du titre, au
moins de l'autorité d'évêque (2).

De ce manque de précision les protestants ont
triomphalement conclu que les Épîtres pauliniennes sont
opposées à l'épiscopat monarchique. C'est aller trop
loin. La conclusion protestante n'a qu'un défaut :
c'est qu'elle ne tient compte ni de l'époque ni du milieu historique. En laissant de côté les textes qui,
quoique imprécis, ne sont pas cependant opposés à
l'épiscopat unitaire, nous ferons simplement observer, quant au *fait*, bien entendu, et non quant au
droit, que dans les temps apostoliques les évêques
n'étaient, absolument parlant, ni strictement *nécessaires*, ni même rigoureusement *possibles*. Ils
n'étaient pas strictement nécessaires, parce que
chaque Apôtre, de son vivant, gouvernait les Eglises
qu'il avait fondées, par lettres, par des délégués ou
par des visites personnelles et périodiques ; ils
n'étaient pas rigoureusement possibles, du moins
dans la plupart des cas, parce qu'un simple néo-

(1) Nous disons qu'il n'y a pas là un argument historique
absolument certain. Cependant les traditions relatives à
l'épiscopat de Timothée à Ephèse et de Tite en Crête, sont
consignées dans Eusèbe. H. E., III, 4⁵.

(2) Les *Actes des Apôtres*, xxi, 18, nous disent que Paul
se rendit chez Jacques à Jérusalem, et que tous les pres-
bytères se rassemblèrent. Dans l'Epître aux Galates, ii, 12,
saint Paul nous laisse clairement entendre que Pierre lui-
même subissait l'influence de Jacques.

phyte ne peut pas être improvisé évêque. C'est, disons-le, le grand défaut de l'histoire protestante de vouloir qu'une Institution comme lo christianisme, présente à son début une organisation aussi complète et parfaite que lorsqu'elle a atteint son plein développement. Le Christianisme n'est pas un squelette ; c'est un germe vivant et fécond qui se développe, et, en se développant, s'organise de mieux en mieux.

II. L'APOCALYPSE. — Nous arrivons ainsi à l'Apocalypse. Les anges des sept Églises mentionnées dans l'Apocalypse sont — et l'on peut dire que la chose est presque certaine — les évêques de ces mêmes Églises. Une seule considération suffira à accréditer cette induction. On ne peut pas y voir des anges proprement dits, puisque le texte nous montre que ce sont des hommes, soumis à toutes les misères et épreuves de l'humanité (1). Ces anges mortels sont donc des hommes. D'autre part, on voit aussi, d'après le contexte et toute l'économie du récit, qu'ils jouissaient de l'autorité suprême dans ces diverses chrétientés. Dès lors, que peuvent-ils être sinon les évêques eux-mêmes ? Il serait difficile de trouver une autre interprétation plausible.

Concluons cette revue des documents soumis à notre examen en synthétisant en deux mots nos résultats. Les Épîtres pauliniennes ne distinguent pas entre le prêtre et l'évêque actuels, qui constituent les deux premiers degrés de la hiérarchie. Dans l'Apocalypse, Livre de visions, de figures et de méthaphores, on ne trouve pas, il est vrai, le mot *évêque*. Cependant la

(1) II, 10. Dans ce verset il s'agit de l'Eglise de Smyrne. Or, qu'en dit-on ? « Il [l'ange] subira dix jours de tribulation ; qu'il soit fidèle jusqu'à la mort et il recevra la couronne de vie. » — Il est évident que l'on ne parle pas ainsi d'un ange.

chose s'y trouve, car il est presque impossible de voir autre chose que l'évêque dans l'ange de chacune des sept Églises. Toutes les autres explications que l'on pourrait donner ne présenteraient presque aucune probabilité.

III. L'ÉPITRE AUX HÉBREUX ET LA Iª PETRI. — Comme certains auteurs ont voulu quasi trouver une preuve scripturaire de l'existence de l'épiscopat dans ces deux documents, nous avons besoin de nous y arrêter un peu, quoique nous en ayons déjà dit quelque chose en passant. Examinons attentivement ces textes et nous nous convaincrons aisément qu'ils ne contiennent aucune indication claire en faveur de l'épiscopat. L'auteur de l'Epître aux Hébreux s'exprime ainsi, XIII, 17 : « Obéissez à vos supérieurs et soyez-leur soumis, car ils veillent sur vos âmes, comme devant en rendre compte, afin qu'ils s'acquittent de cette charge avec joie, et non en gémissant ; cela vous serait nuisible. » Ce passage manque absolument de précision ; le mot *chef, higoumène* est trop large pour désigner uniquement l'évêque ; *higoumène* est le terme technique dont on s'est toujours servi en Orient pour désigner un supérieur de monastère, qui n'est pas évêque ; tous les orientalistes le savent très bien. Par conséquent, les *supérieurs* dont il est ici question peuvent être indifféremment des évêques ou des prêtres ; l'expression *veiller sur les âmes* ne tranche pas non plus la difficulté ; car les prêtres, comme les évêques, doivent veiller et veillent en effet sur les âmes qui leur sont confiées. — Saint Pierre, dans sa première Epître, v, 1, 2, parle ainsi : « Je prie vos presbytres, moi qui suis aussi presbytre et témoin des souffrances de Jésus-Christ, et qui communique à la gloire qui doit être manifestée dans les temps à venir ; paissez le troupeau qui est en vous, veillant sur lui, non par force, mais spontanément, ni en vue d'un mauvais lucre, mais volontairement. » Ces paroles du prince des Apôtres ne nous tirent pas de la confusion des autres textes scripturaires ; saint Pierre ne parle que des *presbytres ;* il les exhorte à paître le troupeau de Jésus-Christ. Ces expressions peuvent convenir aux simples prêtres aussi bien qu'aux évêques. Ce ne serait qu'en s'appuyant sur une exégèse un peu trop simpliste ou sur des idées préconçues que l'on pourrait trouver dans ces deux passages la preuve de l'existence de l'épiscopat. Le texte résiste à une si violente interprétation, et aucun effort n'est capable de le tirer de sa généralité.

CHAPITRE IV

LES PÈRES APOSTOLIQUES

I. **Saint Ignace d'Antioche témoin de l'épiscopat.** — Parmi les Pères Apostoliques, Ignace d'Antioche est certainement le témoin attitré et irrécusable de l'existence de l'épiscopat monarchique. Ses textes sont à la fois trop nombreux et trop clairs pour qu'il puisse rester le moindre doute sur ce sujet. Pour Ignace d'Antioche l'évêque occupe une place à part dans l'Église ; il en est le centre et le moteur. Ses lettres nous attestent l'épiscopat unitaire, tel qu'il existe aujourd'hui, avec les mêmes droits et les mêmes attributions. Chez l'évêque d'Antioche on trouve et le *nom* et la *chose*. Ignace, on le sait, occupe dans l'Eglise une situation prééminente. Personnellement il est évêque d'Antioche, métropole de la Syrie. Sa personne est donc une preuve irréfragable de l'existence d'un évêque à Antioche. De plus, c'est un témoin non ordinaire de l'antiquité. Ses lettres, si précieuses et si importantes pour l'histoire de la Hiérarchie, nous montrent qu'il y avait des évêques véritables dans toutes les Eglises d'Asie. Nous nous bornerons à rapporter ici les principales indications et les passages les plus concluants.

Dans sa lettre aux Ephésiens, Ignace supplie les chrétiens d'être soumis à l'évêque et au presbyterium, afin qu'ils soient sanctifiés en tout (1) ; on voit donc qu'il distingue nettement entre l'évêque et le presbyterium ou collège des presbytres. Le presbyterium est adapté à l'évêque comme la corde à la guitare (2) ; même distinction entre l'évêque et le presbyterium. Dans sa lettre aux Magnésiens, il distingue expressément les trois degrés de la hiérarchie ; l'évêque, un certain Damas, les presbytres, Bassus et Apollonius, et le diacre Zotion (3). Plus loin il revient sur cette distinction des trois degrés de la hiérarchie : il souhaite que tout leur réussisse en union avec l'évêque, et la couronne spirituelle du presbyterium et les diacres (4). Dans sa lettre aux Tralliens, Ignace énumère de nouveau les trois degrés ; il ne faut rien faire, dit-il, sans l'évêque ; il faut être soumis au presbyterium comme aux Apôtres de Jésus-Christ ; il faut être agréable aux diacres qui sont les ministres des mystères de Jésus-Christ (5). Immédiatement après il insiste sur la même idée : il faut, dit-il, honorer les diacres comme Jésus-Christ, l'évêque comme étant le type du Père, et les presbytres comme le sénat de Dieu et le concile des Apôtres (6). Plus loin il dira : celui qui fait quelque chose sans l'évêque, le presbyterium et les diacres, n'est pas pur de conscience (7). Il faut que

(1) ii, 2.
(2) iv, 1. Ce passage indique l'union et l'accord qui doivent régner entre l'évêque et le presbyterium.
(3) ii.
(4) xiii, 1.
(5) ii, 2, 3.
(6) iii, 1.
(7) vii, 2.

les presbytres réjouissent l'évêque pour l'honneur du Père, de Jésus-Christ et des Apôtres (1) ; il faut être soumis à l'évêque comme au précepte [de Dieu] et aussi au presbyterium (2). Dans sa lettre aux Philadelphiens, il énumère également l'évêque, le presbyterium et les diacres : « Faites usage d'une seule Eucharistie, car la chair de Notre-Seigneur est une, et un le calice pour l'unité de son sang, un autel de même qu'un évêque avec le presbyterium et les diacres (3). » Obéissez, ajoute-t-il, au presbyterium et aux diacres ; ne faites rien sans l'évêque (4). La lettre aux Smyrnéens n'est pas moins catégorique. On y lit les mêmes exhortations et les mêmes conseils. Tous doivent obéir à l'évêque, comme Jésus-Christ a obéi à son Père, et au presbyterium comme aux Apôtres ; quant aux diacres, on doit les révérer comme le précepte de Dieu même (5). Sans l'évêque on ne doit rien faire dans le domaine ecclésiastique ; valide sera l'Eucharistie qui est célébrée sous la direction et les ordres de l'évêque ou de son délégué. Sans l'évêque il n'est permis ni de baptiser ni de célébrer les agapes. Enfin il faut noter ce passage : « Je salue l'évêque digne de Dieu, et le presbyterium aimé de Dieu et les diacres (6). » Terminons en citant un passage do la lettre à Polycarpe : « Soyez pleins d'égards pour l'évêque afin que Dieu fasse attention à vous. Puissé-je moi-même soulager ceux

(1) xii, 2.
(2) xiii, 2.
(3) iv.
(4) vii, 1, 2.
(5) viii, 1.
(6) xii, 2.

qui sont soumis à l'évêque, aux presbytres, aux diacres (1). »

Ces textes sont inattaquables et ne prêtent le flanc à aucune équivoque possible. On peut dire avec raison qu'Ignace d'Antioche est le théologien de la Hiérarchie, l'apôtre de l'union et de la soumission à l'évêque, aux presbytres et aux diacres ; en dehors de cette union et de cette soumission, il n'y a pas de christianisme véritable, il n'y a pas d'Eucharistie valide, on n'est pas en un mot dans l'Eglise. Et que voyons-nous dans cette autorité de l'évêque si fortement recommandée, inculquée par Ignace d'Antioche ? Ce n'est pas assurément une autorité nouvelle, œuvre de Jean l'apôtre, comme se sont plu à l'insinuer certains historiens de la Réforme ; c'est une autorité indiscutable, acceptée de tous et qui se réclamait par conséquent de droits divins. On la regarde comme un élément essentiel du christianisme, et c'est pourquoi on ne songe nullement à la contester. Cette autorité vient de Dieu. Plusieurs des passages ci-dessus rapportés le prouvent amplement. On peut y ajouter un autre passage de la lettre aux Ephésiens où nous lisons : « On est heureux d'être uni à l'évêque comme l'Eglise l'est à Jésus-Christ et Jésus-Christ au Père... Etudions-nous à ne pas résister à l'évêque afin que nous soyons soumis à Dieu (2) » ; et encore : « il faut regarder l'évêque comme le Seigneur lui-même (3) ; » ces autres mots de la lettre aux Magnésiens : « il faut rendre à l'évêque tout l'honneur possible, en vue de la puissance de Dieu ; obtempérer à l'évêque c'est obtempérer au Père de Jésus-Christ, l'évêque

(1) vi, 1.
(2) v, 1, 3.
(3) vi, 1.

de tous ; désobéir à l'évêque, c'est commettre un crime contre Dieu qui connaît les choses cachées (1) ; » un autre passage de la lettre aux Smyrnéens qui s'exprime ainsi : « qui honore l'évêque est honoré de Dieu (2). »

II. LE SILENCE DES AUTRES ÉCRIVAINS PRIMITIFS. — Ici surgit une grande difficulté pour la critique historique. L'on se trouve en face d'un problème dont la solution, pour le dire franchement, n'est pas très aisée. Nous venons d'entendre Ignace d'Antioche insister avec la plus grande énergie sur l'existence, les droits et les prérogatives de la hiérarchie tripartite, et tout particulièrement sur la nécessité pour tout chrétien de se soumettre à l'évêque comme au représentant de Dieu. C'est la pleine lumière. Or, comment se fait-il que les autres écrivains primitifs nous laissent dans la même imprécision que le Nouveau Testament en général sur cet important sujet ? Comment se fait-il qu'on ne trouve pas chez eux ce qu'on trouve dans Ignace d'Antioche ? Toutes les fois qu'ils ont l'occasion — ce qui du reste arrive rarement — de toucher à ce sujet, ils ne distinguent nullement entre les deux premiers degrés de la hiérarchie actuelle. Nous avons pu nous en convaincre dans les pages précédentes (chap. 1er, II). — On peut donner à cette difficulté plusieurs réponses ou à ce fait plusieurs explications également plausibles. Et d'abord, ce qui est un principe général de critique historique, l'argument négatif du silence ne saurait prévaloir contre des attestations claires et réitérées. Les lettres d'Ignace d'Antioche parlent on ne peut plus clairement : les autres écrits primitifs se

(1) III, 1, 2.
(2) IX, 1.

taisent ; ce sont les affirmations catégoriques de l'évêque d'Antioche qui doivent prévaloir ; un seul fait positif, dûment constaté, vaut toutes les inductions conjecturales tirées du silence.

En second lieu, des circonstances historiques nous expliquent, jusqu'à un certain point, ce silence. Il faut en effet se rappeler quels étaient à cette époque les rapports de l'évêque avec son collège presbytéral. Le presbyterium était un corps moral dont l'évêque était la tête ; c'est ainsi qu'il apparaissait et agissait partout. L'évêque qui, à cette époque de ferveur, était presque toujours un saint, sinon canonisé, du moins de fait et dans l'opinion de ses ouailles, imitait volontiers l'humilité de saint Pierre dans le collège apostolique. Nous avons un exemple frappant de ce fait. Il est certain que Polycarpe était évêque de Smyrne. Ignace d'Antioche le désigne ainsi dans la lettre qu'il lui adressa (1), et l'histoire n'a jamais élevé la moindre contestation sur ce point. Or, Polycarpe, dans sa lettre aux Philippiens, cache, pour ainsi dire, sa dignité et son titre d'évêque ; il se conduit tout simplement comme n'étant que le chef, le premier membre du presbyterium. Aujourd'hui nous aurions peut-être de la peine à comprendre une pareille humilité et un pareil effacement. A cette époque, on les comprenait fort bien, et surtout on les pratiquait, ce qui est digne d'admiration. Le souffle de Celui qui est venu pour servir et non pour être servi, qui a lavé les pieds à ses Apôtres était encore tout chaud et trop puissant pour qu'on songeât le moins du monde à s'y soustraire et à ne pas s'en laisser pénétrer.

(1) *Ignace... à Polycarpe*, ÉVÊQUE *de l'Église des Smyrnéens.* (Suscription de la lettre.)

Si nous faisons un pas plus avant, nous verrons l'humilité descendre plus bas et la fraternité s'épanouir dans toute sa beauté et sa splendeur. Au berceau du christianisme la communauté tout entière, fidèles et presbytres, ouailles et pasteurs, fils et pères spirituels, ne formait qu'un seul corps, pénétré du souffle divin, des mêmes ardeurs et des mêmes aspirations. De là ces lettres d'Église à Église qu'on trouve même au II⁰ siècle ; témoin la lettre des Églises de Vienne et de Lyon aux Églises d'Asie, écrite en 177. La plus ancienne de ces sortes de lettres est le I* *Clementis,* qui est un curieux type de ce phénomène. Nous savons par saint Denis de Corinthe (1) que cette lettre fut écrite par saint Clément de Rome à l'Église de Corinthe. Or, que voyons-nous dans la suscription de cette Épître ? Clément s'efface ; ce n'est pas en son nom personnel qu'il écrit à l'Église de Corinthe ; c'est au nom de l'Église de Rome. Ainsi Clément, évêque de Rome, n'est que le porte-parole de la communauté romaine.

Au surplus, il n'est pas tout à fait exact de dire qu'on ne trouve aucun indice de la hiérarchie tripartite dans les documents primitifs, à l'exclusion des lettres ignatiennes. La I* *Clementis,* dont nous venons de parler, contient une allusion aux trois degrés de la hiérarchie actuelle : diacre, prêtre et évêque. Cette allusion c'est le recours à la hiérarchie des ministres de l'ancienne loi. L'auteur affirme que, sous l'ancienne loi, au grand-prêtre fut confiée une liturgie spéciale, aux prêtres une place spéciale, aux lévites enfin des ministères particuliers (2). N'est-

(1) Eusèbe, H. E. iv, 23¹¹.
(2) xl, 5.

ce pas là une vue sur la hiérarchie de la nouvelle loi?

Pourquoi donc cette énergie et cette insistance de la part d'Ignace d'Antioche? Pourquoi cette pleine lumière? Il n'est plus permis aujourd'hui d'éluder la question en soutenant l'inauthenticité ou l'interpolation des lettres ignatiennes; leur authenticité n'est plus sérieusement contestée même parmi les savants protestants. L'explication de ce phénomène doit être vraisemblablement cherchée dans le zèle et la sollicitude pastorale du grand évêque, aussi bien que dans les circonstances au milieu desquelles il vécut. On aurait tort de croire que tout dans la primitive Église marchât avec une régularité parfaite, et que l'harmonie céleste y régnât imperturbablement. La vérité est que le travail de l'homme, résultat de ses idées, de ses préjugés ou de ses passions, ne manqua pas de s'y faire sentir. Ignace était évêque de la métropole de Syrie. Il avait donc charge d'âmes, des ouailles à diriger par sa houlette pastorale. D'autre part, comme on le constate par la lecture de ses lettres, à son époque les hérésies commençaient à poindre et à se répandre au milieu des fidèles, et menaçaient la pureté de la foi aussi bien que la paix, la tranquillité de l'Église et l'ordre même établi par Jésus-Christ. Comment la masse des fidèles eût-elle pu trouver sa voie sûre, son orientation dans ce conflit d'idées, dans ce trouble causé par l'action des hérétiques? Il fallait de toute nécessité indiquer un moyen précis et surtout pratique et populaire, pour se mettre en garde contre les surprises et les ruses de l'hérésie. Homme de pratique et de gouvernement, Ignace ne pouvait songer à proposer à la masse des fidèles un moyen théorique ou compliqué, une règle abstraite, qui eût demandé des efforts intellectuels et une grande portée d'esprit pour être saisie et comprise ; il devait donc fournir un moyen tout à fait simple, populaire, facilement accessible à tout le monde. Or, quoi de plus simple et de plus populaire que l'union et la soumission à l'évêque que tout le monde connaissait, vénérait et aimait ? Voilà pourquoi il insiste tant sur ce point. Ignace était un oriental, mais doué d'un esprit romain ; il avait au suprême degré le sens du gouvernement, et comprenait très vivement l'importance de l'autorité. De nos jours, le Chef de l'Église revient assez souvent sur ce même thème dans ses encycliques et ses instructions aux fidèles. Il leur recommande instamment d'obéir à leurs pasteurs, à leurs évêques. Les fidèles doivent être unis aux évêques et les évêques au Souverain Pontife. C'est le moyen le plus efficace de maintenir l'unité et la cohésion dans l'Église et de parer aux multiples dangers qui la menacent à tout moment. Ce moyen Ignace d'Antioche eut le mérite de le comprendre et de le préconiser.

III. DIFFICULTÉ ET RÉPONSE. — Une difficulté en apparence plus sérieuse, car elle est d'ordre positif, contre la thèse de l'épiscopat monarchique, consisterait à en restreindre la portée et à attaquer l'universalité de cette institution. On pourrait dire en effet que les lettres ignatiennes prouvent certainement l'existence de l'épiscopat monarchique, mais uniquement pour la Syrie et l'Asie Mineure ; rien n'indique que la même institution existât dans les Eglises d'Occident ou les autres Eglises d'Orient.

Cette objection se heurte à deux réponses qui la ruinent. — En premier lieu l'évêque d'Antioche présente l'épiscopat unitaire non comme une institution locale, particulière aux Eglises qu'il avait sous les yeux, mais comme un élément essentiel de l'Eglise elle-même, fondée par Jésus-Christ. Les nombreuses citations que nous avons apportées le prouvent suffisamment. C'est ainsi du reste que l'ont compris les presbytériens, adversaires de l'épiscopat ; ils ont vu dans Ignace d'Antioche le plus grand adversaire de leur théorie. C'est pourquoi ils n'ont rien épargné pour ébranler l'authenticité de ses lettres. Evidemment, si l'évêque d'Antioche se fût contenté de présenter l'épiscopat unitaire comme quelque chose d'accidentel, de provisoire et de particulier à la Syrie et à l'Asie Mineure, les presbytériens n'eussent pas fait tant d'efforts pour ébranler l'authenticité de ses épîtres, car dans ce cas la question de principe restait tout entière. Nos adversaires auraient pu répondre aisément : Sans doute, l'épiscopat monarchique a existé en Syrie et en Asie Mineure ; Ignace d'Antioche nous en est témoin ; mais ce n'est là qu'une simple mesure, une invention de ces Eglises altérant l'œuvre de Jésus-Christ ; c'est une simple contingence dans la vie d'une Eglise particulière ; ce n'est pas un élément organique de l'Eglise universelle telle qu'elle est sortie des mains de Jésus-Christ.

En second lieu, quarante ans après saint Ignace, on trouve des évêques au sens propre du mot, non seulement en Asie où ils sont très nombreux au ii⁰ siècle, mais encore dans d'autres pays, dans le Pont, en Grèce, en Crète, dans les Gaules, et surtout à Rome. Toutes les localités importantes, sur lesquelles nous avons des renseignements historiques, possèdent des évêques. Il n'est pas permis de voir là un fait purement accidentel. Mais ce point mérite d'être traité à part.

CHAPITRE V

Les documents historiques que nous possédons
attestent au IIᵉ siècle l'existence de l'épiscopat dans
la plupart des Églises, du moins dans celles que
nous connaissons. Pour les Églises patriarcales ils
font même remonter l'épiscopat jusqu'aux Apôtres.
Nous allons examiner successivement ces données.

1. ÉGLISES PATRIARCALES. — 1° *Rome.* — Deux
documents historiques nous ont conservé la liste des
évêques de Rome : le catalogue d'Irénée et celui
d'Hégésippe. Le grand ouvrage de saint Irénée,
Contre les hérésies, fut écrit vers 180, sous le pontificat d'Eleuthère [175-189]. Or, voici ce que nous
lisons touchant la succession des évêques de Rome :
« Après avoir fondé et organisé l'Église [de Rome],
les bienheureux Apôtres [Pierre et Paul] transmirent
à Lin la charge de l'épiscopat. C'est de ce Lin que
Paul fait mention dans les Épîtres à Timothée. A
Lin succède Anenclet [Anaclet des Latins] ; après
celui-ci, et en troisième lieu depuis les Apôtres,
l'épiscopat échut à Clément qui avait connu les
Apôtres. Comme il avait vécu avec eux, leur prédi-

cation retentissait encore à ses oreilles et leurs actes
étaient présents à ses yeux. Et ce n'était du reste pas
le dernier, car même à cette époque vivaient encore
plusieurs disciples immédiats des Apôtres. Sous ce
Clément, et à l'occasion d'une grave sédition parmi
les fidèles de Corinthe, l'Église de Rome adressa
aux Corinthiens une lettre de recommandations
pressantes pour les ramener à la concorde... A
Clément succède Évariste, à Évariste succède
Alexandre. Ensuite vient Xyste (1), le sixième successeur des Apôtres. Puis successivement Téles-
phore, qui souffrit glorieusement le martyre, Hygin,
Pie, Anicet et Soter. Enfin Eleuthère, actuellement
régnant, qui, le douzième depuis les Apôtres, occupe le trône épiscopal. C'est dans cet ordre et par
cette succession que la vraie doctrine s'est transmise
dans l'Église depuis les Apôtres, et que la prédication de la vérité est arrivée jusqu'à nous (2). » —
Les Mémoires d'Hégésippe, dont Eusèbe nous a conservé des fragments, furent aussi écrits sous le pape
Eleuthère ; malheureusement, la liste d'Hégésippe
est incomplète ; elle ne contient que trois noms :
Anicet, Soter, Eleuthère (3). Ainsi pour Rome l'existence de l'épiscopat unitaire depuis les Apôtres

(1) Appelé ordinairement Sixte par les historiens.
(2) III, 3³ ; P. G., t. VII, col. 849-851. Cf. MICHIELS, *L'Origine de l'épiscopat*, p. 307.
(3) EUSÈBE, H. E., IV, 22³. — Irénée remonte aux origines,
car pour lui les listes épiscopales de Rome ont une grande
importance dogmatique : montrer que la tradition apostolique s'est conservée pure et intacte par une suite non in-
terrompue d'évêques de l'Eglise mère et maîtresse de
toutes les autres. Ce point de vue échappe à Hégésippe,
qui voyage uniquement pour recueillir les traditions des
diverses Eglises.

est un fait au-dessus de toute contestation (1).

2° *Antioche* (2). — La liste d'Eusèbe pour les deux premiers siècles embrasse huit noms : 1. Evode (3) ; 2. Ignace (4) ; 3. Héros (5) ; 4. Corneille (6) ; 5. Eros (7) ; 6. Théophile (8) ; 7. Maximin (9) ; 8. Sérapion (10). Le même Eusèbe nous apprend que le siège d'Antioche a été fondé par saint Pierre (11).

3° *Alexandrie*. — La tradition, consignée dans Eusèbe (12), attribue la fondation de ce siège à saint Marc l'Evangéliste, disciple de saint Pierre. La liste d'Eusèbe embrasse durant les deux premiers siècles onze noms : 1. Amianus (13) ; 2. Abilius (14) ; 3. Cerdon (15) ; 4. Primus (16) ; 5. Justus (17) ; 6. Eu-

(1) Nous croyons inutile de revenir sur les discussions critiques auxquelles ont donné lieu les catalogues d'Irénée et d'Hégésippe. On peut voir sur ce sujet MICHIELS, *L'Origine de l'épiscopat*, p. 309-336.

(2) Pour l'histoire de cette Eglise à l'époque apostolique, cf. Act., xi, 19-30 ; xiii, 1-3 ; xiv, 25 ; xv, 30 ; xviii, 22-23 ; Gal., ii, 11.

(3) H. E., iii, 22.

(4) *Ibid.*, ..., 36².

(5) *Ibid.*, iii, 36¹³, iv, 20.

(6) *Ibid.*, iv, 20.

(7) *Ibid.*, iv, 20.

(8) *Ibid.*, iv, 20, 24.

(9) *Ibid.*, iv, 24 ; v, 19¹.

(10) *Ibid.*, v, 19¹, 22 ; vi, 11⁴.

(11) *Ibid.*, iii, 36². — Les critiques sont partagés sur l'origine des listes eusébiennes ; les uns pensent qu'elles sont empruntées à Hégésippe, les autres à la *Chronique* de Jules l'Africain qui va jusqu'à 221.

(12) *Ibid.*, ii, 16¹.

(13) *Ibid.*, ii, 24 ; iii, 14, 21.

(14) *Ibid.*, iii, 14, 21.

(15) *Ibid.*, iii, 21.

(16) *Ibid.*, iv, 1, 4.

(17) *Ibid.*, iv, 4.

mènes (1) ; 7. Marcus (2) ; 8. Céladion (3) ; 9. Agrippin (4) ; 10. Julien (5) ; 11. Démétrius (6).

4° *Jérusalem.* — Cette Église présente deux périodes bien distinctes : la période *judéo-chrétienne*, qui va depuis les origines jusqu'à l'an 135, époque de la ruine et de la dispersion de la nation juive sous Hadrien ; la période *pagano-chrétienne*, qui s'étend depuis le rétablissement de la ville sous le nom d'Ælia Capitolona jusqu'à l'an 195. A cette double période historique correspond une double liste d'évêques, qu'Eusèbe nous a conservée. — *Liste judéo-chrétienne.* Elle embrasse quinze noms : 1. Jacques, frère du Seigneur ; 2. Siméon ; 3. Justus ; 4. Zachée ; 5. Tobie ; 6. Benjamin ; 7. Jean ; 8. Matthias ; 9. Philippe ; 10. Sénèques ; 11. Justus ; 12. Lévis ; 13. Ephrès ; 14. Joseph ; 15. Judas (7). — *Liste pagano-chrétienne.* Elle embrasse treize noms : 1. Marc ; 2. Cassien ; 3. Pouplias ; 4. Maxime ; 5. Julien ; 6. Gaius ; 7. Symmaque ; 8. Gaius ; 9. Julien ; 10. Capiton ; 11. Valens ; 12. Dolichien ; 13. Narcisse (8).

II. La Gaule. — Il suffira de mentionner le groupe de Lyon. La lettre des chrétiens de Vienne et de Lyon à ceux d'Asie et de Phrygie (9), est un témoin irréfragable de l'existence de l'épiscopat. Pothin fut évêque de Lyon (10); il eut pour successeur

(1) H. E., IV, 5³, 11⁶.
(2) *Ibid.*, IV, 11⁶.
(3) *Ibid.*, IV, 11⁶, 19.
(4) *Ibid.*, IV, 19 ; V, 9.
(5) *Ibid.*, V, 9, 22 ; VI, 2³.
(6) *Ibid.*, V, 22 ; VI, 2³, 3³,⁸, 8³, 19¹³, 20, 29⁴.
(7) *Ibid.*, IV, 5³.
(8) *Ibid.*, V, 12³.
(9) *Ibid.*, V, 1³·⁵³.
(10) *Ibid.*, V, 1²⁰, 5⁸.

Irénée, qui avait été disciple de Polycarpe (1). Pour le but que nous poursuivons ici il serait superflu d'entreprendre un examen des autres villes de la Gaule.

III. LA GRÈCE. — 1° *Athènes.* — La lettre de Denis de Corinthe aux chrétiens d'Athènes nous apprend que Denis l'Aréopagite converti par l'Apôtre Paul, fut le premier évêque d'Athènes (2). Si cette information est sûre, comme nous n'avons aucun motif d'en douter, le siège épiscopal d'Athènes est d'origine apostolique. L'évêque contemporain de Denis de Corinthe est un certain Quadratus, successeur de Publius qui avait souffert le martyre dans la persécution (3).

2° *Corinthe.* — La I* *Clementis* est adressée à l'Eglise de Corinthe (τῇ ἐκκλησίᾳ τοῦ Θεοῦ τῇ παροικούσῃ Κόρινθον). Aucun évêque unitaire n'est mentionné dans ce document. Mais nous avons d'autres points de repère absolument certains. Au milieu du II° siècle, lorsque Hégésippe arriva à Corinthe, sous le pontificat d'Anicet (155-166), l'Eglise de cette ville était gouvernée par un évêque unitaire, du nom de Primus (4). Pourtant les paroles d'Hégésippe nous permettent de remonter plus haut dans la succession épiscopale. Il dit que l'Eglise de Corinthe persévéra dans l'ortho-doxie jusqu'à l'évêque Primus. Il y avait donc eu des évêques avant Primus. Eusèbe venait de dire qu'Hégésippe avait eu des rapports avec plusieurs évêques (5). Ses mémoires en faisaient foi. — Denis

(1) EUSÈBE, H. E., v, 5⁶.
(2) *Ibid.*, IV, 23¹,².
(3) *Ibid.*, IV, 23³.
(4) *Ibid.*, IV, 22².
(5) *Ibid.*, IV, 22¹.

de Corinthe est évêque de cette ville sous le pontificat de Soter (166-175). Cet évêque avait adressé des lettres à diverses Églises, dont Eusèbe nous a conservé comme un court compte-rendu (1). On y lit le nom de différents évêques contemporains de Denis. Le successeur de Denis fut un certain Bacchyllus, contemporain du pape Victor (2).

IV. LA CRÈTE. — Au temps de Denis de Corinthe, nous trouvons en Crète plusieurs sièges épiscopaux. Ainsi un certain Pinytus est évêque de Cnosse, et un certain Philippe, qui avait écrit contre Marcion, occupe le siège de Gortyne (3).

V. LA MACÉDOINE. — *Philippes.* — La lettre de Polycarpe aux Philippiens ne fait mention explicite d'aucun évêque. Il est donc impossible de savoir si cette Église était alors gouvernée par un évêque monarchique (4). Au IIe siècle nous n'avons plus de renseignements sur cette Église.

VI. AUTRES ÉGLISES. — Nous compléterons cette énumération de sièges épiscopaux par des indications relatives à d'autres Églises. Au plus tard au IIe siècle Papias est évêque d'Hiéropolis dans la province d'Asie (5). — Nous savons par saint Epiphane (6) que Marcion, chassé par son père, évêque de Sinope, dans la Paphlagonie, se rendit à Rome après la mort du pape Hygin, c'est-à-dire vers 140. Donc à cette

(1) H. E., IV, 23.
(2) *Ibid.*, V, 22, 23¹.
(3) *Ibid.*, IV, 21, 23³,⁷,⁸, 25.
(4) MICHIELS, *op. cit.*, p. 367, se prononce pour la néga-
tive. Le P. De Smedt hésite : *L'organisation des Eglises chrétiennes jusqu'au milieu du IIIe siècle,* dans *Revue des questions historiques,* t. XLIV, p. 350 et sq.
(5) EUSÈBE, H. E., III, 36⁸.
(6) *Haeres.,* XLII, 1 ; P. G. t. XLI, col. 696.

époque et même avant la ville de Sinope était un siège épiscopal. — Méliton, évêque de Sardes (1), est contemporain de Marc-Aurèle (161-180). Méliton nous apprend que Sagaris, évêque de Laodicée, fut martyrisé sous le proconsul Servilius Paulus (2). — L'auteur de l'ouvrage contre le montanisme, dédié à un certain Avirkius Marcellus vers 170, nomme Zoticus évêque de Comane, et Julien évêque d'Apamée (3). Une lettre de Sérapion, évêque d'Antioche, vers la fin du ii° siècle, qu'Eusèbe connaissait, mentionnait divers évêques, dont Aurélius de Cyrène, Ælius Publius Julius de Debelte, colonie de la Thrace et Sotas d'Anchialis (4). — A la même époque, Polycrate d'Ephèse, dans sa lettre à Victor, en appelle à sept évêques qui furent ses parents ; quant à lui il est le huitième ; il avait connu quelques-uns de ces sept évêques ; il nous fournit deux noms inconnus : Thrasée, évêque d'Eumènie, et Papirius (5).

(1) Eusèbe, H. E., iv, 13⁸, 26¹.
(2) *Ibid.*, iv, 26³. Le même fait est mentionné dans la lettre de Polycrate au pape Victor, *ibid.*, v, 24⁵.
(3) *Ibid.*, v, 16¹⁷.
(4) *Ibid.*, v, 19³.
(5) *Ibid.*, v, 24¹⁻⁶.

CHAPITRE VI

L'ORIGINE DIVINE DE L'ÉPISCOPAT

De ce que nous venons d'établir nous pouvons déjà conclure que l'épiscopat est de droit divin ; l'histoire atteste, en effet, que le siège épiscopal de certaines Églises est d'origine apostolique ; les autres grandes Églises possèdent un évêque au IIe siècle. Sans doute pour ces dernières il nous est impossible de remonter aux Apôtres, appuyés sur des documents historiques ; mais nous pouvons y remonter par une induction très légitime. Si l'épiscopat n'était pas une institution divine et apostolique, il eût été impossible que tant et de si grandes Églises eussent eu un évêque à peu près 140 ans après la mort des Apôtres. Une institution humaine n'eût pu prendre en si peu de temps une pareille extension ; seule l'origine apostolique de l'épiscopat peut expliquer une semblable diffusion. — Mais nous avons aussi des preuves positives en faveur de l'origine divine de l'épiscopat, et jointes à l'induction historique susdite elles sont assez fortes pour entraîner la persuasion. Il nous reste à les examiner.

1. LA SUCCESSION APOSTOLIQUE. — La première preuve est le fait même de la succession apostolique

dont nous trouvons dans les documents de nombreuses attestations. — Parmi les écrits canoniques ce sont les Épîtres pastorales qui insistent de la façon la plus formelle sur ce point capital. Saint Paul a évangélisé de nombreuses contrées et fondé beaucoup d'Eglises ; il veut donc assurer la continuation de son œuvre ; pour lui, il a combattu le bon combat et est arrivé au terme de sa course (1) : il délègue donc ses pouvoirs à son disciple Timothée, que celui-ci exercera après la mort de son maître. Cette délégation, quoique voilée dans des formules, est assez claire et assez visible. Le grand Apôtre recommande ardemment à son disciple de conserver soigneusement le dépôt [de la doctrine], et d'éviter toutes les nouveautés et la fausse science qui a été pour quelques-uns une cause d'égarement (2) ; il l'exhorte à être vigilant, à faire l'œuvre d'un Evangéliste, à accomplir son ministère (3) ; qu'il se fortifie dans la grâce qui est en Jésus-Christ ; ce qu'il a appris de l'Apôtre en présence d'un grand nombre de témoins, qu'il le confie en dépôt à des hommes fidèles, qui soient capables d'en instruire d'autres (4). Qu'il demeure ferme dans les vérités qu'il a apprises, et qui lui ont été confiées, sachant de qui il les a apprises (5). Ces paroles laissent entendre que Timothée est appelé, dans la pensée de Paul, à continuer et sa mission et son œuvre. Au surplus, la pensée générale des Épîtres pastorales c'est de porter Timothée et Tite, que saint Paul avait délégués à Éphèse et en Crète, à combattre l'erreur et les faux enseignements, à

(1) II Tim., iv,7.
(2) I Tim., vi, 20-21.
(3) II Tim., iv, 5.
(4) *Ibid.*, ii, 1, 2.
(5) *Ibid.*, iii, 14.

annoncer avec autorité la parole de Dieu, la doctrine évangélique et à conserver, dans sa pureté et son intégrité, le dépôt de la foi. Saint Paul voulait se survivre dans ses disciples. Cette idée domine dans toutes les Pastorales.

La littérature primitive n'a pas passé sous silence le fait de la succession apostolique. La I^a *Clementis* est particulièrement instructive sur ce point. On connaît le but de cette Epître si importante qui est comme la première Constitution de l'Eglise romaine. Des troubles s'étaient élevés dans la communauté de Corinthe. Les fidèles de cette Eglise mettaient en question l'autorité de leurs pasteurs et ne voulaient pas leur obéir. Clément de Rome les rappelle au devoir et leur apprend quels sont la place, le rôle et la dignité des membres de la Hiérarchie : « Nos Apôtres, dit-il, connurent par Notre-Seigneur Jésus-Christ que des discussions s'élèveraient au sujet de *l'autorité* (1). C'est pourquoi, doués d'une prévoyance parfaite, ils instituèrent les susdits [ministres : *épiscopes* et *diacres*] et ensuite ils posèrent comme règle que, lorsque eux-mêmes mourraient, d'autres hommes éprouvés devinssent leurs successeurs dans la liturgie [leur fonction]. En conséquence, quant à ceux qui furent établis par eux [les Apôtres] ou dans la suite par d'autres hommes illustres avec l'approbation de toute l'Eglise, et qui ont servi le troupeau du Christ sans reproche et avec prudence, tranquillement et avec dignité, qui ont joui pendant longtemps du bon témoignage de tout le monde, nous estimons qu'il n'est pas juste de les destituer. Nous commettrions un grand péché, si nous destituions de

(1) Mot à mot : *du nom de la surveillance* : ἐπὶ τοῦ ὀνόμα-τος τῆς ἐπισκοπῆς.

l'épiscopat ceux qui offrent les dons sans reproche et saintement (1). »

Deux autres écrivains de la plus haute antiquité méritent également d'être cités comme témoins du fait de la succession apostolique. Hégésippe est un juif converti qui entreprend un long voyage pour recueillir les traditions des différentes Eglises et « pour s'assurer qu'il y a dans chaque Eglise, ou plutôt dans les principales d'entre elles, une continuité absolue entre l'enseignement des Apôtres fondateurs et celui des évêques contemporains (2). » En se rendant à Rome, il s'arrête quelques jours à Corinthe et en profite pour s'initier à la vraie doctrine (3) ; à Rome il fait un assez long séjour sous les pontificats d'Anicet (ca. 155-166), de Soter (ca. 166-174) et d'Eleuthère (ca. 174-189). Il affirme que dans « chaque *succession* [épiscopale] et dans chaque ville on enseigne la doctrine prêchée par la Loi et les Prophètes et le Seigneur (4). » Le fait de la succession apostolique est la grande préoccupation d'Hégésippe ; aussi, pour relier cette succession apostolique, s'applique t-il à reconstituer les séries épiscopales. A peine arrivé à Rome, son premier soin est de dresser le catalogue des évêques de cette ville jusqu'à Anicet (5). La continuité apostolique était pour lui le signe, la marque de l'orthodoxie et de la vraie doctrine, et aussi le principal argument à opposer aux prétentions des hérétiques : « Hégésippe entend opposer à la spéculation gnostique la tradition des Églises, tradition

(1) xliv.
(2) Duchesne, cité par Batiffol dans *La littérature grecque,* 1ᵉ édit., p. 50-51.
(3) ἐν τῷ ὀρθῷ λόγῳ.
(4) Eusèbe, H. E., iv, 22 ², ³.
(5) *Ibid.*,

qu'il étudie sur place, dont il constate l'unanimité, et la continuité qui la rattache aux Apôtres. C'est la méthode que nous verrons être celle des presbytres et du catholicisme primitif dans la réfutation du gnosticisme (1). »

Mais le principal représentant de cette idée est incontestablement Irénée. Le grand évêque de Lyon est par excellence l'homme de la tradition et de la succession apostolique. Il revient bien souvent sur cette idée avec une énergie et une précision de langage que les siècles postérieurs n'ont jamais dépassées. « Pour ce qui est, dit-il, de la tradition des Apôtres, manifestée dans tout l'univers, il est facile de la trouver dans l'Eglise entière, pour quiconque cherche sincèrement la vérité. Nous pouvons fournir la liste de ceux qui ont été institués évêques par les Apôtres, et de leurs successeurs jusqu'à nous. Jamais ils n'ont su ni enseigné ce qu'ils [les gnostiques] imaginent. Si les Apôtres avaient eu quelque connaissance de ces mystères cachés, d'une doctrine ésotérique et secrète, réservée aux seuls parfaits, ils n'auraient certainement pas manqué de la transmettre à ceux auxquels ils ne craignaient pas de confier les Eglises mêmes. Ils voulaient en effet que ceux qu'ils instituaient comme leurs successeurs, en leur transmettant la fonction de leur magistère, fussent tout à fait parfaits et irréprochables, pensant avec raison que la sagesse de ces derniers procurerait à l'Eglise de grands avantages, de même que leurs chutes pourraient devenir pour elle une source de calamités. Mais comme il serait trop long de rapporter dans ce livre les successions de toutes les Eglises, nous ne considèrerons que la plus grande

(1) BATIFFOL. *Ibid.*, p. 50,

et la plus ancienne, l'Eglise connue de tous, fondée
et organisée à Rome par les deux très glorieux Apôtres Pierre et Paul. En indiquant comment la tradition qu'elle reçut des Apôtres, et la foi qui fut an-
noncée aux hommes, est arrivée jusqu'à nous par la
succession de ses évêques, nous confondons tous ceux
qui, de quelque manière que ce soit, par attachement
à leurs opinions, par vaine gloire, par aveuglement
ou par malice, font des conventicules illicites. Car
c'est avec cette Eglise, à cause de son autorité pré-
pondérante, que toute Eglise, c'est-à-dire les fidèles
du monde entier doivent être de toute nécessité en
communauté de foi. En elle les fidèles du monde entier ont gardé la tradition reçue des Apôtres. » Après
avoir dressé le catalogue des évêques de Rome jusqu'à son temps, il ajoute : « C'est dans cet ordre et
par cette succession qu'est arrivée jusqu'à nous la
tradition des Apôtres dans l'Eglise et la prédication
de la vérité. Par là nous démontrons pleinement que
c'est une seule et même vivifiante foi, qui s'est conservée dans l'Eglise depuis les Apôtres jusqu'à nos
jours et s'est transmise en toute vérité (1). » Il serait
difficile de formuler d'une manière à la fois plus lu-
mineuse et plus concise le dogme fondamental de la
succession apostolique qui assure l'immutabilité et la
continuité de la doctrine révélée. C'est parce que les
évêques sont les successeurs des Apôtres qu'on est
obligé de leur obéir : « C'est aux prêtres qui sont
dans l'Eglise qu'il faut prêter obéissance, à ceux
que les Apôtres, comme nous l'avons montré, ont
établi leurs successeurs ; qui, avec la succession dans
l'épiscopat ont reçu, suivant la volonté du Père, le

_____

(1) *Cont. Hæres.*, III, 3 ¹⁻²; P. G., t. VII. col. 848, 849,
851.

don d'enseigner la vérité avec certitude. Quant à ceux qui s'éloignent de cette principale succession, et se trouvent dans n'importe quel lieu, il faut les regarder comme suspects, soit parce qu'ils sont hérétiques et professent de mauvaises doctrines ; soit parce qu'ils sont schismatiques, orgueilleux et pleins de suffisance ; ou bien parce qu'ils sont hypocrites et se comportent ainsi par amour du gain ou de la vaine gloire. Tous ceux-là ont quitté le chemin de la vérité (1). » La succession apostolique garantit l'apostolicité de la doctrine elle-même : « Ce qui constitue la vraie science, c'est l'enseignement des Apôtres et l'ensemble des croyances que l'Eglise répandue sur toute la terre n'a cessé de professer dès le principe ; cette vraie science est le signe caractéristique du corps du Christ en vertu de la succession des évêques, auxquels les Apôtres ont confié l'Eglise répandue en tout lieu (2). »

Le témoignage d'Irénée a une autorité de premier ordre, soit à cause de son auteur, soit à cause des circonstances où il se produisit. « Ce témoignage n'est pas le sentiment personnel d'un homme, mais il est l'attestation de la doctrine dominante à son époque, de l'enseignement de toute l'Eglise primitive. Comme nous avons déjà eu l'occasion de le constater, cet écrivain est un homme d'un grand savoir, d'une vaste érudition et d'une vertu éminente. Séparé par une seule génération des Apôtres et de ceux qui virent Jésus, il reçut l'enseignement de la foi à Smyrne de la bouche de Polycarpe, disciple de saint Jean, et il le grava dans son cœur. Devenu plus tard évêque de Lyon, il est un représentant aussi complet qu'éclairé des Eglises de l'Orient et de

(1) *Cont. Hæres.*, iv, 26¹ ; P. G. t. VII, col. 1053, 1054.
(2) *Ibid.*, iv, 33⁸ ; P. G. t. VII, col. 1077.

l'Occident. Son vaste plan de démonstration catholique démontre une connaissance approfondie de la théologie de l'Eglise ainsi que des opinions des hérétiques ; son intervention dans la controverse pascale est une preuve de la considération dont il jouissait. Il partageait l'indignation de son maître contre tout ce qui s'éloigne de la tradition apostolique. En un mot, saint Irénée est le témoin de là foi chrétienne pendant les deux premiers siècles. Il serait absurde de soutenir qu'un tel homme ait pu ignorer la croyance de son temps sur le point fondamental de la constitution de l'Eglise, qu'il ait pu prendre le change à ce sujet. L'institution des évêques par les Apôtres et leur succession ininterrompue depuis ce temps à la tête des Eglises, n'étaient-ce pas des faits publics, faciles à constater et à contrôler. De plus, le caractère propre de la théorie de la succession apostolique, c'est d'être une théorie traditionnelle, diamétralement opposée à l'innovation, au changement. En vertu de ses convictions, saint Irénée s'en tenait, avant toute autre considération, à l'enseignement transmis dans l'Eglise, professé à Rome, reçu de Polycarpe, disciple fidèle de saint Jean et de plusieurs autres témoins du Christ, quel que fût d'ailleurs l'objet de cet enseignement. Par conséquent, conformément à la doctrine traditionnelle, les évêques furent établis par les Apôtres et ils sont leurs successeurs (1). »

II. L'INSTITUTION DIVINE DE L'ÉPISCOPAT. — Nous venons de voir que les évêques sont les successeurs des Apôtres ; les graves documents que nous avons consultés ne laissent aucun doute à ce sujet. Dès lors il nous est permis de conclure que l'épiscopat est

(1) MICHIELS, *L'Origine de l'épiscopat*, p. 412.

d'institution divine ; car il continue, sous certains rapports, l'apostolat établi par Jésus-Christ lui-même. Mais peut-on prouver directement, par des témoignages précis, que l'épiscopat est d'institution divine? La littérature ancienne ne nous fournit pas beaucoup d'attestations sur ce point particulier. Dans les écrits des Pères apostoliques il n'existe à ma connaissance qu'un texte qui affirme explicitement ce fait (1); mais ce texte est décisif. Il est de saint Ignace d'Antioche ; c'est la suscription de la lettre aux Philadelphiens ; elle est ainsi formulée : « Ignace, théophore, à l'Église de Dieu le Père, et du Seigneur Jésus-Christ, qui est à Philadelphie d'Asie, rassemblée et assise dans la conformité de Dieu, et enchaînée inséparablement à la passion de Notre-Seigneur, et par sa résurrection confirmée en toute miséricorde; que j'embrasse dans le sang de Jésus-Christ ; laquelle est une joie éternelle et permanente, spécialement s'ils sont dans l'unité avec l'*épiscope* et les *presbytres* qui sont avec lui et les *diacres*, DÉSIGNÉS DANS LA PENSÉE DE JÉSUS-CHRIST, qu'il a fortifiés dans la stabilité selon sa propre volonté par son Esprit saint. » Ce passage se passe de tout commentaire ; l'évêque est *désigné* selon la pensée de Jésus-Christ et confirmé par le Saint-Esprit. Aussi, dans cet ordre d'idées, l'évêque d'Antioche ajoute-t-il immédiatement, et comme début de sa lettre, que « l'évêque a obtenu sa charge, *non de lui-même, ni par les hommes*, ni par vanité, mais dans la charité de Dieu le Père et du Seigneur Jésus-Christ (2). » Pour marquer que les trois degrés de la hiérarchie [épiscopat, presbytérat,

____

(1) Nous disons *explicitement*, car les textes qui affirment *implicitement* ce fait sont assez nombreux.

(2) *Ibid.*, I, 1.

diaconat] sont de l'essence même de l'Eglise, et con-
séquemment de droit divin comme l'Eglise elle-même,
il déclare dans sa lettre aux Tralliens que : « en
dehors d'eux [diacres, évêques, presbytres] il n'y a
pas d'Eglise (1). » L'enseignement d'Ignace d'Antioche, touchant l'institution divine de l'épiscopat et
de la Hiérarchie, est décisif et ne peut soulever aucune contestation.

(1) III, 1 : χωρὶς τούτων ἐκκλησία οὐ καλεῖται.

CHAPITRE VII

LA THÉORIE CONTRAIRE

Nous pourrions à la rigueur terminer ici notre travail. Toutefois, pour être complet, nous avons besoin d'examiner la thèse opposée, soutenue, bien que pour des motifs différents, par le presbytérianisme protestant et par saint Jérôme. Ce sera la contre-critique de notre propre doctrine.

I. LA THÈSE PRESBYTÉRIENNE. — 1° *Exposé*. — On connaît généralement la doctrine presbytérienne. Il n'existe pas, au point de vue hiérarchique, de différence essentielle entre l'évêque et le simple prêtre. Ni Jésus-Christ ni les Apôtres n'ont établi une pareille différence. A l'origine, le pouvoir résidait dans un collège de presbytres existant dans chaque Église. On était gouverné par un régime aristocratique. Quelle est donc l'origine de l'épiscopat unitaire et monarchique? Comment changea-t-on la constitution de l'Église, et comment à la forme aristocratique substitua-t-on la monarchique? Cette révolution fut le fait des membres influents et remuants du presbyterium. Ceux-ci finirent peu à peu par se mettre au-dessus de leurs collègues, et usurper un pouvoir qui ne leur appartenait pas; car leur ambition ne pouvait s'accommoder d'une condition égalitaire. Pourquoi rester sur le même pied que les autres presbytres, et ne pas s'efforcer de devenir leur supérieur ? L'ambition, comme mobile, aidée de l'astuce, comme moyen, créa donc l'épiscopat unitaire, tel qu'il existe aujourd'hui.

2° *Critique.* — Cette théorie, considérée comme explication d'un phénomène universel, n'est pas admissible et est en contradiction avec l'histoire. A la rigueur, s'il ne s'agissait que d'une Église particulière et isolée, séparée du reste du monde chrétien, on pourrait soutenir que l'ambition de quelque membre influent du presbyterium finit par créer l'épiscopat monarchique. De pareils abus ne sont pas sans exemple dans le cours des âges. Il n'y aurait rien d'impossible dans une pareille transformation, et l'histoire aurait uniquement pour tâche de chercher si, de fait, la chose s'est passée ainsi. — Il en est tout autrement lorsqu'on envisage l'Église universelle, l'Église dans toute son étendue. Considérée sous ce point de vue, transportée sur ce terrain, la théorie presbytérienne se heurte à une impossibilité morale. Comment expliquer en effet que ce mode de gouvernement se soit établi, que cette révolution se soit accomplie, comme par enchantement, partout, dans toutes les Églises ? Comment se fait-il que le phénomène ait revêtu partout la même forme, suivi la même marche, et qu'il présente une si étonnante uniformité ? Et la difficulté, déjà si grande, se complique d'un autre élément. Comment se fait-il qu'il ne se soit élevé aucune réclamation contre cette innovation, et que l'histoire n'enregistre aucune protestation contre cette inique usurpation ? S'imagine-t-on tous les collèges de presbytres se laissant dépouiller de leur pouvoir et annihiler par certains membres intrigants, hardis et audacieux, et acceptant cette mise hors la loi en silence, avec résignation, sans faire entendre aucune réclamation, avec une parfaite sérénité d'âme ? Jamais on n'a trouvé dans l'humanité une semblable abnégation, une semblable indifférence. Les actes de vertu héroïques n'ont jamais été, que l'on sache, le fait de la masse ; seuls de rares esprits d'élite ont pu monter si haut. — Il y a encore plus. On a accepté l'épiscopat comme étant d'institution divine ; et cela immédiatement après la mort du dernier Apôtre, saint Jean. En supposant même pour un instant qu'il se soit produit au sein des collèges de presbytres une si flagrante usurpation, un empiètement de ce genre, l'intrigant aurait-il jamais réussi à faire croire à la communauté chrétienne qu'il tenait de Dieu cette autorité épiscopale, et qu'elle avait été établie par Jésus-Christ même ? On aurait dit que c'était là l'œuvre de son ambition et de ses secrètes intrigues. Nous découvrons donc dans cette théorie des impossibilités contraires aux lois historiques et à la marche générale et ordinaire des faits. Sans doute l'histoire n'aime pas beaucoup ce genre d'arguments, car elle vit surtout de textes et de documents. Cependant, lorsqu'il s'agit d'une question si importante, il n'est nullement défendu de recourir, et à bon droit, à ce genre d'arguments, car ici le silence de l'histoire contre les audacieux et les usurpateurs est inexplicable, inintelligible dans l'hypothèse presbytérienne.

Au surplus, les Eglises elles-mêmes, qui étaient alors plus traditionnalistes qu'à aucune autre époque, s'y seraient opposées avec énergie. Jamais à cette époque, si près du Fondateur du christianisme, les Eglises n'eussent accepté une si grande innovation, la substitution d'un nouvel ordre de choses à l'ancien, auquel elles étaient habituées. Les exemples ne nous manquent pas de cet attachement des Églises aux institutions et aux coutumes du passé. On sait l'énergie déployée par l'Église romaine à Corinthe et en Asie pour faire cesser des abus, des innovations bien moins importantes que celle dont il s'agit en ce moment. Rome, avec sa succession épiscopale remontant à saint Pierre, n'aurait jamais toléré un changement de cette nature dans le régime ecclésiastique, dans le gouvernement des communautés. La théorie presbytérienne a beau chercher à se donner du crédit ; c'est une fausse hypothèse qui ne peut alléguer en sa faveur aucun document historique, et qui se heurte en outre à une impossibilité d'ordre moral. Que, à cause des circonstances, nous ne saisissions pas, dans ces âges primitifs, aussi clairement qu'aujourd'hui, la suréminence et le relief de la dignité épiscopale ; que l'évêque lui-même se plût, la plupart du temps, à cause de ses grandes vertus, à voiler pour ainsi parler la dignité dont il était revêtu et à se faire l'égal de ses frères dans le sacerdoce, j'en conviens sans peine. Nous voyons au iv° siècle saint Augustin, le plus grand évêque de l'Église latine, vivre dans la plus étroite intimité, dans une familiarité tout évangélique, avec ses clercs ; mais de là à conclure qu'il n'y avait aucune différence sous le rapport hiérarchique, c'est autre chose. Les éminentes vertus, l'humilité de ces saints évêques, de ces hommes de Dieu ne doivent pas nous faire perdre de vue la dignité dont ils étaient investis et qui les mettait bien au-dessus des simples presbytres.

Du reste, une fraction du protestantisme lui-même, l'Église anglicane admet, tout comme l'Église catholique, l'institution apostolique de l'épiscopat. Pourquoi a-t-elle conservé l'épiscopat, et pourquoi croit-elle à son origine divine ? Serait-ce par une espèce d'habitude, par pure fiction, et pour mieux impressionner ses fidèles, ses adhérents ? Pas le moins du monde. Serait-ce par désir de se rapprocher de l'Église romaine ? Encore moins. Elle a conservé l'épiscopat, parce qu'elle l'a trouvé dans les origines du christianisme, parce qu'elle le regarde comme d'institution divine, comme une pierre fondamentale de l'édifice de Jésus-Christ. Pour que l'Église anglicane, qui est la plus importante du protestantisme, ait pratiquement et théoriquement accepté cette solution du problème hiérarchique, il faut vraiment qu'elle ait été vaincue par l'évidence et la force des choses. Nous ne sommes donc pas les seuls à combattre pour les droits de l'épiscopat unitaire. Nous avons à côté de nous un grand nombre de protestants qui prennent part à la bataille, et qui y prennent part avec les armes que leur fournit l'antiquité chrétienne.

II. L'OPINION DE SAINT JÉRÔME. — 1° *Exposé*. — Ce Père donne pour base à sa théorie un motif plus louable. Il ne recourt pas à l'ambition et aux intrigues ; mais il fait intervenir le libre consentement du presbyterium lui-même. Au sein du collège presbytéral il se serait élevé des discordes, des divisions, des brouilles et même des schismes. D'autre part, l'unité dans le but, les vues et les moyens a toujours été le nerf d'une bonne administration. Pour éviter des discordes et maintenir la paix et l'union, le presbyterium lui-même aurait spontanément renoncé à ses droits, et choisi un de ses membres à qui il aurait confié, délégué tous ses pouvoirs. Mais écoutons saint Jérôme lui-même : « Soyons attentifs à la parole de l'Apôtre qui dit : *Afin que tu établisses dans les villes des presbytres, comme je te l'ai ordonné.* Quel doit être ce presbytre, il nous l'apprend dans la suite, quand il dit : *Si quelqu'un est sans crime, s'il n'a qu'une femme* ; puis il conclut : *Il faut que l'évêque soit sans crime, en tant que dispensateur de Dieu.* Le prêtre et l'évêque sont donc identiques, et avant que, à l'instigation du diable, on se passionnât pour les querelles religieuses et l'on dit : *Moi je suis à Paul, moi d Apollon, moi à Céphas* (I Cor., I, 12), les Églises étaient gouvernées par le conseil des prêtres. A partir du moment où chacun regarda, comme lui appartenant, et non au Christ, ceux qu'il avait baptisés, on décida dans tout l'univers qu'on choisirait un prêtre pour le mettre au-dessus des autres, à qui serait confié le soin de l'Eglise ; et ainsi on détruirait les germes des schismes. Si quelqu'un pense que c'est notre opinion propre, et non l'enseignement de l'Ecriture, à savoir que l'évêque et le prêtre sont identiques, et que l'un de ces noms désigne l'âge et l'autre la fonction, qu'il lise les paroles de l'Apôtre aux Philippiens disant : *Paul et Timothée serviteurs de Jésus-Christ, à ceux qui sont à Philippes, avec les évêques et les diacres, grâce et paix* (I, 1, 2) et le reste. Philippes est une ville de Macédoine, et certainement dans une ville il ne peut pas y avoir plusieurs évêques. Mais parce que, à cette époque, on appelait évêques les prêtres, il a parlé indifféremment des évêques comme des prêtres. Il est écrit aux *Actes des Apôtres* que, lorsque l'Apôtre alla à Milet, il manda les presbytres de l'Eglise d'Ephèse, auxquels il parla ainsi : *Veillez sur vous et sur le troupeau, sur lequel le Saint-Esprit vous a établis évêques pour paître l'Eglise de Dieu qu'il a acquise par son sang* (XX, 28). Remarquez bien qu'il appelle évêques ceux qu'il avait d'abord appelés prêtres de la ville d'Ephèse. Si quelqu'un reçoit l'Épître qui, sous le nom de Paul, est adressée aux Hébreux, il y verra que le soin de l'Eglise est partagé entre plusieurs. Il écrit en effet au peuple : *Obéissez à vos chefs, et soyez-leur soumis : ils veillent en effet sur vos âmes, comme devant en rendre compte, pour qu'ils ne remplissent pas cet office en gémissant; car cela vous est utile* (xiii, 17). Et Pierre, qui reçut ce nom à cause de sa fermeté dans la foi, parle ainsi dans son Epître : *Je vous prie donc, vous qui êtes prêtres, étant moi aussi prêtre comme vous, et témoin des souffrances de Jésus-Christ, et devant participer à sa gloire, qui sera un jour manifestée : Paissez le troupeau de Dieu qui vous est commis, veillant sur sa conduite, non par nécessité, mais spontanément selon Dieu ; non par un honteux désir du gain, mais par une charité désintéressée* (I Petr., v, 1, 2). Nous avons cité ces passages pour montrer que chez les anciens, prêtres et évêques étaient identiques ; mais peu à peu, pour arracher les germes des dissensions, toute la sollicitude fut confiée à un seul. Donc de même que les prêtres savent que c'est par la coutume de l'Eglise qu'ils sont soumis à celui qui leur est préposé, ainsi, que les évêques sachent qu'ils sont supérieurs aux prêtres plus par la coutume que par la disposition du Seigneur, et qu'ils doivent gouverner l'Eglise en commun, imitant Moïse qui, ayant le pouvoir de gouverner tout seul le peuple d'Israël, choisit soixante-dix vieillards, pour juger avec eux le peuple (1). »

(1) *In Tit.* i, 5 ; P. L., t. XXVI, col. 562, 563. Il est juste pourtant de faire observer que la doctrine de saint Jérôme n'est pas toujours cohérente. Dans d'autres écrits il en-

2° *Critique*. — L'hypothèse de saint Jérôme rencontre trois difficultés insurmontables. Premièrement, les textes de saint Ignace. Nous ne pouvons nous dispenser de rappeler cette idée fondamentale. D'après les textes de l'évêque d'Antioche on voit que l'épiscopat unitaire est une institution essentielle à l'Église, une institution de Jésus-Christ lui-même. Nous l'avons montré plus haut. Or, on ne comprendrait plus un pareil langage dans la théorie de saint Jérôme faisant de l'épiscopat monarchique une institution purement humaine ou plutôt ecclésiastique. Elle est donc incompatible avec le fait de la succession apostolique et l'origine divine de l'épiscopat. — Deuxièmement, si la chose s'était passée ainsi, l'histoire constaterait certainement des protestations. L'universalité dans le renoncement à des droits assez honorables et importants devient une impossibilité morale. On comprendrait à la rigueur, comme nous l'avons déjà dit contre le presbytérianisme, qu'un ou quelques presbyteriums aient eu la force d'âme, pour le bien de l'Église et dans l'intérêt de la paix et de l'union, de faire un tel sacrifice, un tel acte d'abnégation et aient consenti à résigner leur autorité et leurs prérogatives. Mais comment étendre cette magnanimité à tous les collèges presbytéraux ? Voudrait-on transformer tous les presbyteriums en assemblées de saints ou de martyrs ? Il est impossible que dans le nombre des collèges presbytéraux il ne se soit trouvé quelque membre à vues purement humaines, quelque esprit frondeur et chagrin pour regimber contre le sacrifice qu'on exigeait de lui et défendre son clocher. L'époque apostolique elle-

seigne le contraire. Cf. notamment *In Matth.* xxv, 26-28 ; P. L., t. XXVI, col. 187, 188.

même ne fut pas à l'abri de ces petites infirmités humaines. — Enfin il faut revenir à l'uniformité dont nous avons déjà parlé. Un changement si profond, résultant de la libre résignation des membres du presbyterium, n'aurait jamais eu lieu dans toutes les Eglises, ni de la même manière. Nous voilà de nouveau en face d'une impossibilité morale. — Ajoutons d'ailleurs que saint Jérôme est un témoin du v° siècle, — c'est bien tard —, qu'il est le seul parmi les Pères à soutenir cette surprenante théorie, et qu'enfin, exégète de premier ordre, il est loin d'être historien original.

CONCLUSION

Nous avons essayé de fixer, aussi exactement que possible, les origines de l'épiscopat unitaire, en restant constamment sur le terrain historique. Aux théories protestantes nous avons opposé une calme et loyale discussion ; aux prétentions des adversaires de l'épiscopat nous avons répondu par un examen impartial et critique des documents historiques. Nous sommes ainsi arrivé à cette conclusion : que l'épiscopat unitaire, tel qu'il existe aujourd'hui dans l'Église catholique, est d'institution divine, et se rattache à la constitution de cette même Église, telle qu'elle a été établie par Jésus-Christ. Cette conclusion, dégagée par les inductions de l'histoire, est au-dessus de toute contestation. Sans doute il existe des difficultés, et il ne nous est jamais venu à la pensée ni de les cacher ni de les atténuer ; mais ces difficultés, quelque pénibles qu'elles soient pour l'érudit dont l'ambition est de se rapprocher autant que possible de la précision idéale, ne sauraient modifier en rien la portée générale de la conclusion ; encore moins pourraient-elles nous étonner. On ne peut pas s'attendre en effet à cé que les origines d'une Institution aussi vaste que le christianisme soient entourées d'une lumière parfaite. Bien des coins obscurs se montrent à l'historien, lorsqu'il entreprend d'explorer cette région. Mais cette pénombre ne saurait nuire à la perspective générale ; et c'est là l'important. Cette perspective générale c'est que la constitution de l'Eglise et la Hiérarchie, dans ses cadres essentiels, sont l'œuvre de Jésus-Christ. Tous les efforts de la critique négative viendront toujours échouer contre ce fait capital. Les droits et les prérogatives de l'épiscopat unitaire reposent sur une base historique inébranlable, et on ne saurait les nier ou y porter atteinte sans changer la forme que l'Eglise a reçue de son divin Fondateur.

TABLE DES MATIÈRES

FIN DE LA TABLE

Saint-Amand (Cher). — Imprimerie BUSSIÈRE.

SCIENCE ET RELIGION

Etudes pour le temps présent. — Prix : 0 fr. 60 le vol.

L'Autorité humaine des Livres saints, par le P. Méchineau, S.J. 1 vol.
Qu'est-ce que le miracle ? — *Analyse de sa notion. Ses éléments cons-*
titutifs, par l'abbé E. Cosíe. 1 vol.
Les trois Formes du Surnaturel. *le Miracle, la Révélation et la*
Grâce, par Pierre Valler, P. S. S. 1 vol.
Du même auteur : Dieu principe de la loi morale. 1 vol.
La Bible depuis son origine jusqu'à nos jours, par M. l'abbé Chau-
vin. 2 vol. se vendant séparément.
 I. *La Bible chez les Juifs.* 1 vol.
II. *La Bible dans l'Eglise catholique.* 1 vol.
Etudes sur l'origine de la Société, par le R. P. Montagne, des Frères-
Prêcheurs. 3 vol. se vendant séparément.
 I. *La Théorie du Contrat social.* 1 vol.
II. *La Théorie de l'Organisme social, d'après l'Ecole naturaliste.* 1 vol.
III. *La Théorie de l'Etre social, d'après saint Thomas d'Aquin* 1 vol.
Le Problème de la Souffrance humaine. — *Pourquoi souffrir ?*
 Triple réponse chrétienne, par le P. Bader, de l'Oratoire. 1 vol.
Le Matérialisme et la Nature de l'Homme, par M. l'abbé O. Contes-
tin, chanoine titulaire de Nimes. 1 vol.
Le Mouvement religieux en Angleterre au XIXᵉ siècle, par le
R. P. Ragey, Mariste. 3 vol. se vendant séparément.
 I. *L'Anglicanisme.* 1 vol.
II. *Le Ritualisme.* 1 vol.
III. *Le Catholicisme en Angleterre.* 1 vol.
La Liberté d'Enseignement. *Aperçu historique,* par M. l'abbé Lau-
rent. 1 vol.
Rivalités scientifiques ou la Science catholique et la prétendue
Impartialité des Historiens, par le R. P. Th. Ortolan, 3 vol. se
vendant séparément.
 I. *La Manie du Dénigrement.* 1 vol.
II. *Les Fausses réputations.* 1 vol.
III. *Les Oubliés.* 1 vol.
L'Occultisme contemporain. — *Ses doctrines et ses divers systèmes,*
par Charles Godard. 1 vol
Evolution, Progrès, Liberté, par P. Valler. 1 vol.
Les Qualités de l'Educateur, par J. Guibert, P. S. S. 1 vol.
La Bible et les Théories scientifiques, par M. l'abbé B. Colomer 1 vol.
L'Origine apostolique du Nouveau Testament, par le P. Lucien Mé-
chineau, S. J. 1 vol.
Hasard ou Providence. *Le Problème des Causes finales,* par le
R. P. J.-D. Folghera, des Frères-Prêcheurs. 1 vol.
La Conservation de l'Energie et la Liberté morale, par le
R. P. de Munnynck, O.P. 1 vol.
Le Péché originel dans Adam et ses descendants. *Exposé apologé-*
tique, par le R. P. Le Bachelet, S. J. 2 vol.
Le Monde Juif au temps de Jésus-Christ et des Apôtres, par
l'abbé Beuhlier. 2 vol.
Le Dogme chrétien dans la Religion juive, par A.-F. Saudin 1 vol.